中学生素质训练丛书

太阳·绿色

——中学生笔下的大自然

孙辅功 编著

北方妇女儿童出版社

图书在版编目(CIP)数据

太阳·绿色:中学生笔下的大自然/孙辅功编著.—2版.—长春:北方妇女儿童出版社,2011.9

(中学生素质训练丛书)

ISBN 978-7-5385-0982-3

Ⅰ.①太… Ⅱ.①孙… Ⅲ.①作文—中学—选集 Ⅳ.①H194.5

中国版本图书馆CIP数据核字(2011)第179951号

太阳·绿色

——中学生笔下的大自然

编　　著:孙辅功

责任编辑:师晓辉

出版发行:北方妇女儿童出版社

(长春市人民大街4646号　电话:0431-85640624)

印　　刷:三河市兴达印务有限公司

开　　本:650mm×960mm　1/16

印　　张:13

字　　数:171千字

版　　次:2011年9月第2版

印　　次:2013年1月第2次印刷

书　　号:ISBN 978-7-5385-0982-3

定　　价:25.80元

质量服务承诺:如发现缺页、错页、倒装等印装质量问题,可向印刷厂更换。

百年树人，素质第一。

巴金

一九九二年十月九日

《中学生素质训练丛书》编委会

题　辞

教育的根本宗旨在于提高广大人民，特别是青年一代的素质，以适应精神文明和物质文明建设的需要。但在实施中往往遇到干扰，这些年最严重的，难以排除的干扰要算片面追求升学率了。提高素质与应试本来并不矛盾，但由于此种干扰，教学工作往往淡化了前者而浓化了后者，产生了非常不利的影响。

这个问题的症结所在以及最终解决，虽然不在教学工作本身，但振臂一呼，高揭提高素质这个宗旨，是大有好处的。因此，我为这套"中学生素质训练丛书"的出版热烈鼓掌。

刘国正

写在前面

孙辅功

“中学生笔下的自然世界”，当我接受这个命题时，我的心情是兴奋的，觉得一下子开阔起来了，自由起来了。

什么是“自然界”？字典上告诉我们：是宇宙，是包括社会在内的统一的客观的物质世界。这定义太干瘪了，我还是宁愿用那些模糊、朦胧的词来理解自然界，诸如：雄浑、豪迈、绮丽、飘逸等等。

作为一个语文老师，优于众人的是，我心中的自然世界有一部分是由学生塑造的。我也从学生的习作中感知了自然。

孩子们的眼睛、心灵是纯真的。这种纯真与自然世界的碰撞激发出的火花，有特殊的色彩，独有的魅力。虽然比不上大文豪们笔下的自然那么伟大，但这些小火花常使我怦然心动，品到了别样的滋味。

当我从兴奋中静下心来，回想我读过的中学生笔下的自然世界，我发现，学生对自然描写是有层次的，随着年龄、学识的增长，由于处境、修养的不同，他们的眼光日渐敏锐，他们的笔触日臻成熟。他们欣赏自然，借景抒情，他们也移情于物，外物内化。他们既用文学的笔调去描绘自然，也用理智的科学的眼光去探索研究自然。他们从大自然中体会美，领悟广博、深邃，学着做人，练着作文，在写自然中陶冶性情，炼铸情操。大自然是他们的朋友，也是他们的老师。

如果说这本小书是一副珠串，那么，我的感受，我30多年教龄的见识只是那条串联的线，如果这本书可以算得上美，还是因为由那些珠子——学生的习作——组成。

就算是借花献佛吧，我怀着这样的心境与愿望，完成了这本书。

目录

写在前面 …… 孙辅功（1）

●**训练指南** ……（1）

状形·摹声·绘色·写神

例文

活泼的小虾 …… 北京景山学校六年级 曹 颖（4）

水牛儿 …… 北京景山学校初一 曹春林（5）

螳螂 …… 南京师大附中初一 李 正（7）

绿色精灵 …… 北京景山学校七年级 朱 杰（8）

威武的大白公鸡 …… 福州一中初一 张建海（9）

水仙 …… 北京景山学校六年级 许 萌（11）

雨中观荷 …… 辽宁凤城一中高三 魏 霞（13）

赏菊 …… 福州一中初一 林建菁（14）

多少春意在严冬 …… 北京师院附中初二 张 飒（16）

春色 …… 北京师院附中初三 杨中强（18）

春雨赋 …… 华东师大一附中初二 李盟鸥（20）

春夜喜雨 …… 北京景山学校高一 肖承丽（21）

雨 …… 北京景山学校初一 邹旦倪（23）

雨 …… 东北师大附中高一 鲁雪翎（24）

我言秋日胜春朝 …………………… 北京景山学校七年级 顾园园（26）
雪之曲——美好的一瞬 ……………… 北京师院附中初一 黄 宁（28）
捅马蜂窝 …………………………… 北京师院附中初二 田立峰（29）
灭蚁 ………………………………………… 福州一中高二 邓本元（31）
狗獾 ………………………………… 上海师大附中初二 周 杰（32）
“小对眼儿”当代表 ……………… 北京景山学校七年级 汤 晔（35）
啄木鸟自述 ……………………………… 福州一中初二 张晓宇（37）
我看见细胞了 ………………………… 浙江鄞县中学初一 袁力勇（39）
猫的胡须 …………………………… 华东师大二附中初一 许鸿英（41）
揭开青蛙捕虫的秘密 ……………… 北京师院附中初二 田立峰（43）
蟋蟀 ………………………………………… 北大附中高一 国以群（45）
荷花 ………………………………… 山东平度一中高一 刘亿群（47）
花实俱佳的名果——石榴 ………… 北京师院附中高一 肖 芸（48）
梅花鹿 ……………………………… 东北师大附中高三 林伟明（50）
●**训练指南** ……………………………………………………………（53）
观察·联想·触景·生情
例文
牵牛花 ……………………………… 上海师大附中初一 周昕炜（55）
养花 ………………………………… 北京景山学校初一 曾克非（56）
我和爱犬 ………………………………… 福州三中初三 朱 颖（58）
“静静”和“闹闹” ……………… 华东师大一附中初一 赵诣弘（59）
“白雪公主”小传 ………………… 北京景山学校高一 马欣来（62）
我爱我的小白鸽 …………………… 天津南开中学初一 刘 峰（66）
疚 ………………………………………… 苏州中学初一 王丽华（68）
蓝天上，有一只小鸟 ………………… 苏州中学初二 赵毓毓（70）
春的消息 …………………………… 北京景山学校高一 伊 伟（72）
寻觅 ………………………………… 北京师院附中初二 于 杨（73）
秋思 ………………………………… 北京景山学校高二 石上梅（76）

冰城之冬 …………………………… 东北师大附中高一　吴　琼（78）
南京盛夏之热 ………………………… 南京师大附中高二　张人健（80）
大自然的礼物 ………………………… 北京景山学校六年级　戎　楠（82）
月夜 …………………………………… 天津南开中学高一　张进武（84）
月夜 …………………………………… 北京景山学校九年级　赵　磊（86）
小雨和蓝天 …………………………… 北京景山学校高一　李　悦（88）
海啊，海 ……………………………… 天津南开中学高一　祝　晶（89）
雨花 …………………………………… 北京景山学校高一　李　慧（92）
听虫 …………………………………… 北京景山学校九年级　刘汝旭（93）
飞蛾 …………………………………… 北京景山学校九年级　戎　楠（94）
星空夜曲 ……………………………… 北京景山学校九年级　李　悦（97）
竹忆 …………………………………… 南京师大附中初二　王树萱（99）
乡间，那一片绿荫 ………………… 华东师大二附中初二　张炼红（100）
蓝 ……………………………………… 北京景山学校高一　郗振山（102）
绿 ……………………………………… 北京师院附中高一　夏明辉（103）
紫色 ………………………………… 河南中原油田三中高二　李　雪（104）
色彩咏叹调 ……………………………… 福州三中高二　钟　臣（105）
友谊使者——大山樱 ……………… 北京景山学校八年级　王自强（108）
“眺潭石”探微 ……………………… 北京景山学校七年级　李　航（110）
●**训练指南** ……………………………………………………………（113）
透析·感悟·神交·思考
例文
风 ……………………………………… 北京景山学校六年级　顾园园（115）
瀑 ……………………………………… 杭州学军中学初三　李　蕴（117）
本溪溶洞 ……………………………… 东北师大附中高二　韩雅慧（118）
太阳雨·虹 …………………………… 北京景山学校高一　俞绍颖（120）
那些槐树啊 …………………………… 北京景山学校高一　王丽锦（122）
风儿送去蒲公英 ……………………… 南京师大附中高三　任　蓉（124）

心中，那一片绿土 …………………… 苏州中学高三 陈惠君（126）
燕子窝 ………………………… 北京景山学校高一 伊 伟（129）
心灵的波痕 ……………………… 北京景山学校九年级 孙 姗（131）
台湾凤尾蝶 ……………………… 福州三中初二 曾新宇（135）
我们的实验 ……………………… 北京景山学校高一 孙 姗（137）
失去的天堂还能回来吗？ …… 深圳财经学校 8903 班 郭 琰（141）
小鹤飞走了…… ……………… 东北师大附中高一 顾建敏（143）
宇宙应该是和谐的 ……………… 杭州学军中学高一 龚 刚（146）
地球给全人类的信 ……………… 杭州学军中学高一 沈康克（148）
给环保局长的一封信 ………………… 福州三中高一 齐 斌（150）
漫说自然资源的保护 ………………… 苏州中学高一 邹 磊（152）
●**练习设计** ……………………………………………………（155）
一、仿写片断练习 ……………………………………………（155）
二、仿写全文练习 ……………………………………………（157）
三、古诗词改写练习 …………………………………………（160）
四、系列写景、物练习 ………………………………………（164）
五、景、物文章擂台赛 ………………………………………（164）
●**名篇赏析** ……………………………………………………（166）
石榴 …………………………………………………… 郭沫若（166）
珍珠鸟 ………………………………………………… 冯骥才（167）
月迹 …………………………………………………… 贾平凹（169）
我有过一只小蟹 ……………………………………… 铁 凝（173）
阿咪 …………………………………………………… 丰子恺（178）
心中的大自然 ………………………………………… 唐 敏（181）
大地上的事情 ………………………………………… 苇 岸（191）

●训练指南

状形·摹声·绘色·写神

训练提示

对人来说，自然是外在的世界，是除了自身之外的物质世界；对写作来说，自然世界是取之不尽，用之不竭的源泉。像海滩一样，在沙滩漫步的人，只要留心去拣拾，绝不会没有收获，大海绝不会让人失望。青少年对自然界有特殊的敏感，花鸟草虫、风花雪月都可以入文。春天吹开蒲公英的小球花，夏天粘知了，秋天赏红叶，冬天堆雪人；清晨有霞，夜晚有月；欢喜的时候想起春风，悲伤的时候有感于秋雨……笔尖蘸着大自然，可以敷衍出无数的好文章。即使选择同样的写作对象，文章的着眼点不会雷同，所传达的感情也不会雷同。从这点上说大自然真是太伟大，太奇妙了。

一篇好的写景物的文章，最基本要求是什么？如果要列出几条标准，是不是可以这样说：状其形，活灵活现；摹其声，耳闻目睹；绘其色，光彩夺目；写其神，惟妙惟肖。

怎样才能达到这样的境界呢？

首先，要说说观察的功夫。“观察”与“看”不是完全同义、可以画等号的词。观察含有主动地、有目的地去看的意思。任外界景物自己闯进眼中，只留个极概括的印象，诸如：美丽、生动、有趣……一类的词，不是观察，凭着这点肤浅的印象去做文章，自然只能用单线条画出景物的轮廓，是不会出色的。

一个景物引起人们注目的往往是它的特点，它的与众不同之处。观察就要善于抓住这些特点，看清楚这特点是什么，看明白这特点是怎么形成的，在这一自然景物上它是怎样表现出来的。要边看边想，边看边分析、归纳、记忆，进行一系列复杂的高级的神经活动。花是美丽的，是因为它的颜色鲜艳，姿态优美；风是无形的，但从受到风儿“青睐”的物可以看出风的冷暖、强弱；虫儿是轻捷的，要看出它怎样地飞，怎样地跳；蝉儿的叫声一支笔是无法录下音来的，但从听的人的心情、反应是可以模拟得出的……特点观察清楚了，写作时要抓住不放，不让读者有“如在眼前”、“身临其境”的感觉决不罢休。有了这观察的功夫，有写生动的决心，文章成功的希望就有了一大半了。

再说说写自然界景物文章的顺序与详略。

言之有物，又要言之有序，无物，则无可写，无序，则写不出。这“序”的要求是完整、严谨、和谐、自然，就是说文章有头有尾连贯一气；有紧密的组织；各部分之间均衡匀称；朴实自然，不造作。

写自然景物应按什么样的顺序安排为好，恐怕没有一个公式样的固定不变的答案。只能是因景物不同而异，因写作目的不同而异。比如：写静物可以按上下顺序、全体与局部的关系写；写“动”物可以按动作顺序先后写，可以按游览的顺序写，移步换形；写季节、风雨，可以按时间顺序写；写关于景物的说明文，是否应该从现象、构造、成因等方面入手呢？要是把自然现象编成童话来写，怕是离不开记叙的六个要素了。总之，一个目的，让读者观赏文中所写的景物有个先后，有个次序。印象是完整的，又是有条理的。

顺序是否清楚，层次是否分明，是非常重要的。写自然不同于写人记事的文章，顺序比较难安排，又非安排好不可。一个实地的观察者，可能是被景物特点所吸引，事先没有准备，是不一定按顺序来看的，没有顺序也会给感官以生动的印象。可是读文章要求就不同了，文章有了题目，读者就是有目的，有明确要求地去读了；而这时实物不在眼前，文章就要使读者觉得如见其物，如闻其声，这种效果的产生靠什么？条理顺序就是条件之一。作者写得井然有序，就像引着读者的眼光，带着读者的心灵，去作一次更有层次的观察，这观察的效果应该比对实物观察内容更集中，线条更简练，因之也会是更生动的了。

景物的特征是主体，必须要详写，但如果只有这详写部分，文章会显单调，没有绿叶来扶的红花，让人觉得缺点什么。因此，要用略写的部分创造背景，丰富主体，巧妙穿插，这样主体才能突出，内容才更加丰厚。郑板桥曾以画竹来打比方："画大幅竹，人以为难，吾以为易。每日只画一竿，至完至足，须五七日画五七竿，皆离立完好。然后以淡竹、小竹、碎竹经纬其间。或疏或密，或浓或淡，或长或短，或肥或瘦。随意缓急，便构成大局矣。"

第三说说语言。写景状物的文章尤其要求语言要具体、生动、传神，读完文章后眼前、心里要有活脱脱的形象。这类作文的语句对动词、形容词的运用要求高，几个恰当的动词能使景物鲜活，几个贴切的形容词一出现，景物的神韵就鲜明了。造句方面，可多用比喻、拟人、排比、夸张等修辞方法，使所写的景物生动逼真，栩栩如生，增强文章的感染力，给文章锦上添花。

写这类文章青少年朋友喜欢把自己也写进去。对初学写作的人来说，这是个很好的方法。文中有了"我"，选择材料、组织材料更自由、灵活了。同时，有了"我"就有了感情，更容易感染读者。

这类习作除写风花雪月外，其他的领域也是很广阔的，比如，通过课内外学习，对所喜欢的动植物，所感兴趣的自然现象有了理性的认识，就可以用说明的表达方式写出这种认识，写成说明文。初中学生喜欢读童话，自己也喜欢编童话，可以把自然界的花花草草编成童话来写，这也是训练选材、组织的好方法，是训练遣词造句的好方法。写这种文章既要请教语文老师，又要请教其他学科的老师，请他们在科学性上把关，给以帮助和辅导。

朋友，你是那么热爱自然，你就提起笔来写写自然吧，在写作中不断提高自己的观察能力、审美能力。

[例文1]

活泼的小虾

北京景山学校六年级　曹　颖

星期天，邻居从“自由市场”买回了五毛钱的小虾。嗬，还是活的呢！

那一只只小虾一见水，就活蹦乱跳在水里打起水花来，穿梭似的游来游去。要是我有几只该多好呀！我向邻居阿姨要了五只小虾，像得了宝贝一样，小心翼翼地放进盛山水石的小瓷碟里，又掰了几块馒头渣放进水里。虾儿在碟里轻轻地摇摆着尾巴，悠闲地游着。

阳光透过窗子，照得屋里亮堂堂的。我索性坐在桌前，仔细看我可爱的小虾。我发现一只虾的头上，有一块红红的斑点，阳光一照，闪闪发亮，像一块红宝石，又像一顶小红帽，真是好看极了。其他几只，身上都披着一件青绿色的花衣，尾巴像把小蒲扇，忽闪忽闪的；头上的须子比身体还要长；透明的小黑眼睛在水里东瞧西看。忽然，一只小虾咬住了另一只的尾巴，那只也不甘示弱，回过头就反咬一口。两虾对视，摆出一副要决斗的样子。其中一只凶狠地扑过去，另一只灵巧地一躲，又闪电似的咬住对方长长的须子。正在僵持不下，我拿起一根小木棍轻轻一挑，两只虾像触电一样跃出水面，溅起小小的水花。那只被咬的得救了，扭身就跑，另一只紧追不舍。这样，一前一后，绕着山水石追来追去。看着这滑稽的情景，我不由得哈哈大笑起来。

[例文 2]

水 牛 儿

北京景山学校初一　曹春林

今天下了一阵雨。到了“雨过天晴百花笑”的时候，我便领着妹妹下楼去捉水牛儿。

雨后的水牛儿可真多：墙上、树上、石缝儿里，各个角落，到处可见它们的踪迹。我们不大一会儿便捉了十几只，还拔了些青草。到了家，我把洗衣板沾上水，让水牛儿在上面爬。我找来一只玻璃罐头瓶，垫上一层薄土，又往里喷了点儿水，然后把水牛儿和草一起放到里面。可我并不知道水牛儿到底吃不吃草。我于是求助于词典，找到“蜗牛”这个词，上面说它吃草本植物的表皮。这么说，我还猜对了一半儿。我把罐头瓶移到眼皮底下，仔细地观察起来。

水牛儿有两对触角，下面的一对很短，顶多有两毫米长；上面的一对却足有一厘米。触角的顶端各有一个小黑点儿，我想那大概是它的眼睛。当它的触角碰到东西时，便迅速缩了回去，这也许是为了保护眼睛，怕它被碰坏吧！至于眼睛长在触角上，可能是为了看得远些。它的腹部有个吸盘，即使倒置也不会掉下来。当它往前爬的时候，透过罐头瓶的玻璃，我清楚地看到，吸盘里有一道一道鼓起的肌肉，不断往前捯，它就这样慢慢前移，后面留下了一条弯曲的白印。我以前从书上看到过，这能使水牛儿不迷路。一只比较大的水牛儿正贪婪地吃着草，我竭力想看到它的嘴，可总也看不见。只能透过它半透明的身体，看见它把草弄成一毫米宽，从它的触角间一点一点地往脑后移，最后进入它那椭圆形的硬壳中了。忽然，我看见个细线条的小红圈儿，忽大忽小，那草便是从这里进去的。噢！我终于看到它的嘴了。

要是能用摄影机拍下来，这将是多么精彩的一幕啊！

[评析]

小虾、水牛儿谁没见过，谁没玩过呢？可是提起笔来未必会像曹颖、曹春林两位同学写得这么好。这两篇习作好在哪儿？描写得极其细致、极其形象，就是它们的妙处。

小虾头上的红斑点，身上的“青绿色的花衣”，像小蒲扇似的尾巴，长长的须子，甚至透明的小黑眼睛，都描写得仔仔细细。水牛儿触上的眼睛，腹的吸盘，就连不易让人发现的嘴——因为那只是“细线条的小红圈儿”——也全勾画得清清楚楚。这些描写来源于小作者细致的观察。没有细致入微的观察，就没有细致入微的描写。

观察了是不是就一定能写好？不，那只是提供了材料。这两篇习作写法的共同特点之一，是描写有恰当的顺序。小作者采用从头部写起，至身体，至尾部，一笔一笔描绘下来，像一个个特写镜头，给人完整、清晰的印象。特点之二是着力描写小动物的动态。小虾不但游水，还“决斗”：一只“凶狠”，一只“灵巧”；一只被咬，一只“紧追不舍”。水牛儿不但爬行，还吃青草，“透过它半透明的身体，看见它把草弄得只有一毫米宽，从它的触角间一点一点地往脑后移，最后进入它那椭圆形的硬壳中”。动物、动物，唯其“动”才见其生动姿态。

《活泼的小虾》一文善于比喻，表达活泼传神。《水牛儿》一文中说明的语言较多，表达清楚明白。

作者曹春林说：“要是能用摄影机拍下来，这将是多么精彩的一幕啊！”其实，用不着遗憾，他们已经用笔写出了这一幕，而且很精彩。

[例文3]

螳　螂

南京师大附中初一　李正

螳螂，大家一定都很熟悉，也叫刀螂。

它，长着个又大又圆的红肚子。一对碧绿的“大刀”，让人看了都怕，尤其那“大刀”的两侧都长满了密密的长刺。一对绿得发亮的大眼睛有时亮晶晶，有时又显得那么阴森森，真可怕！

由于它的眼睛大，所以猛地一看，好像是螳螂给自己戴上一副眼镜似的，很有点学士风度。

螳螂这东西可是会变的家伙。它看上去凶相十足，可有时却温和得很；它收好“大刀”，懒洋洋地靠在你手上，像一只小猫似的。仔细一瞧，又好似一位身披绿纱的仙女。可凶猛时，完全变了样，把那带刺的“大刀”使出来，用力去夹你的手指，直到刺深深地扎入皮肤，它还不松手。那时看它真像一只满脸怒气的大老虎，还以为你的手指是长得胖胖的小羊或小猪什么的，准备“啊唬”一口吃掉呢！

一天，我在门口捉住一个大头的蚂蚱，它同样长得也很美，绿绿的，还长了一对特长特美的大翅膀，我开始不忍心把它给螳螂吃，便把它养了起来。

晚上，妈妈回来了。她对我说蚂蚱可不是益虫，是害虫。开始我还不信，可后来一想，“对了”，这蚂蚱捉来时，它还抓了一片草，草上已经被它啃了许多小洞。可不是嘛！它既然吃草，那么肯定就会吃蔬菜。它可不是个好东西。于是，我便把这个东西同螳螂放在一个大瓶子里了。

起初，螳螂并没理会这在瓶里乱蹦乱跳的家伙，觉得它无关紧要，什么时候吃它都可以。可那蚂蚱却不知好歹，一下竟跳到螳螂的头上。

这下可把我们的常胜大将军气坏了，一跳好高，伸出大刀，像小鸟一样展开背上的“披风”。我简直看呆了，那“将军”的身上还藏着这么一对美丽的翅膀，比轻纱还薄。那朱红色的翅底上嵌着珍珠般的黄花纹，翅膀一抖，还发出有趣的声响：“沙沙沙……”

刹那间，蚂蚱被它捉住了。这是个大蚂蚱，身子比螳螂还大。此时，螳螂正用那“大刀”夹住蚂蚱，蚂蚱还在跳，它的腿不停地弹动着，在死亡中挣扎。可不一会儿蚂蚱的腿就被吃掉了。又一会儿，蚂蚱的头也被啃光了。我并没为蚂蚱难过，因为我知道蚂蚱不是好东西，给螳螂吃是理所当然的，因为螳螂是帮人类除害的“常胜大将军”！

我赞美你，螳螂，你是人类的好朋友！

［例文4］

绿色精灵

北京景山学校七年级　朱　杰

晚间，我正做功课，突然，一只绿色的小虫跳到本子上，我轻轻捏住它，掷进一个圆形玻璃瓶中。

透过瓶壁细细看去，只见它那两片翅膀在灯光照射下，显得更加翠绿；尖头顶，一边嵌着一个圆鼓鼓的小眼睛。瞧，它还在想坏主意呢！猛然间它用两条纤细而有力的后腿一蹬，想跳出瓶口，我连忙将瓶盖儿盖好，以防它跑了。它那黄绿色的小肚皮紧贴着瓶壁，一起一伏的，该不是在生气吧？一会儿，小虫躺在瓶底不动了。摇摇瓶子，还没反应。别闷死了！我赶紧打开瓶盖儿。不想它趁机一蹿，飞跳出来，落在桌上，呆呆地趴着。一点翠绿衬着漆黑的桌面，分外显眼，就像是工艺美术师刻刀下雕琢出的一块小翡翠。我赶忙又把它捉住。这回我没有把它投入那透明的“监牢”，而是送到了院中藤萝的绿叶上。可爱的小东西在叶间忽地一闪就不见了。

[评析]

《螳螂》和《绿色精灵》两篇习作的作者着重观察昆虫的姿态，写出它们的灵巧、美丽。

螳螂，大家都熟悉的刀螂，原来那么会变：那眼睛一会儿“亮晶晶，”一会儿又“阴森森”；一会儿是“有点学士风度”，一会儿又是“常胜大将军”。更神秘而优美的是：“那‘将军’的身上还藏着这么一对美丽的翅膀，比轻纱还薄。那朱红色的翅底上嵌着珍珠般的黄花纹，翅膀一抖，还发出有趣的声响：‘沙沙沙……’”朱杰怀着一颗童心去捉桌子上的小绿虫，描写它在瓶中的姿态：“用两条纤细而有力的后腿一蹬，想跳出瓶口。”描写它“呆呆地趴着。一点翠绿衬着漆黑的桌面，分外显眼，就像是工艺美术师刻刀下雕琢出的一块小翡翠。”还设想它是不是生气了；怀着善意将小绿虫放在了藤萝的绿叶子上，任它“忽地一闪就不见了”。

这两篇文章之所以写得好，就是小作者以爱心去观察自然，写出小小昆虫的优雅的、灵活的姿态。作者对昆虫的喜爱、赞美都是欢快地从心底涌出来的。他们热爱生活，才发现生活中有那么多美。比起习作1、2来，又是一个新的观察和写作角度。

人的审美追求是不断变化的，不同年龄阶段，有不同的审美品位。孩子没有条条框框的束缚，也少有功利的目的，因此，他们眼中、心中的自然是真的、善的、美的。成人们自以为懂得了“美”，却没有了孩子式的独特的、敏锐的眼睛。

[例文5]

威武的大白公鸡

福州一中初一　张建海

“喔喔喔”，一阵高亢、宏亮的报晓声划破了黎明时的寂静。顿时，全院的公鸡都叫了起来。于是，人们就忙着起床，开始了一天的工作。

我们大院里几乎每家都养鸡，多的二十多只，少的也有三四只。我家养了八只鸡，其中有一只大白公鸡，是莱杭种的。这公鸡浑身白翎，像一块白玉；鸡冠鲜红，高高耸立，活像一簇燃烧的火焰；黄灿灿的鸡爪，既长又锋利。谁看见这只鸡都夸好，我更是格外喜欢它。

我最爱看它站在大石头上啼叫时的样子。瞧，它踱着方步，悠闲地朝大石头走去，到了大石头跟前，两腿一蹬，双翅一拍，便跃上去了。接着，扑打翅膀，昂起头，发出"喔—喔—喔"的叫声，那样子威武极了。雪白的羽毛像武士身上披着的银色的铠甲，在阳光下闪闪发光；鲜红的鸡冠，像武士头上的头盔；那双金黄色的利爪，像武士脚上的战靴。那样子别提多威武了！

大公鸡的脾气也像武士，十分威严，不容侵犯。有一次，我把剩饭倒给它吃。它还没动口，邻居家的一只大花公鸡却跑来吃起来。大白公鸡气极了，眼睛圆了，脸也涨红了，毫不客气地朝花公鸡的头部狠狠地啄了一下。花公鸡也不示弱，竖起了脖子上的花毛，返身向白公鸡扑来。这下白公鸡更气了，脖子上的白毛也竖了起来，敏捷地把身子往回一缩，紧接着往上一跳，那只花鸡扑了个空。还没等花公鸡反过身来，白公鸡就用它那又长又锋利的爪子，在花公鸡的背上抓了一下。花公鸡恼羞成怒，重新发起进攻。就这样，你一口我一爪地厮打了足有五分钟。最后，白公鸡纵身一跃，伸出锋利的鸡爪抓住花公鸡脖子上的花毛，使劲一拽，竟然抓下好几根花翎子，疼得花公鸡大叫一声，狼狈地逃跑了。

在一边观战的我兴奋地喊起来："我的大白公鸡胜利了！"忙着到屋里抓了一把米，来慰劳这位勇士。

大白公鸡像是为了抒发得胜的喜悦，又像是警告胆敢再来抢食的来犯者，它又跳上那块大石头，拍拍翅膀，昂起头，又"喔—喔—喔"地叫起来。这声音格外宏亮、有力。

[评析]

《威武的大白公鸡》是一篇描写动物的作文。这篇文章的佳处是抓住了大公鸡的特点——威武，围绕这个特点选材，安排详略。

作者写大白公鸡的威武重彩描绘是两个场面，一是公鸡司晨时的样子，一是与花公鸡的一场搏斗。不少画家画过雄鸡司晨的画，张建海笔下的这个场面，就有如画的特点。作者细致地描写公鸡由踱着方步到昂起头，发出“喔—喔—喔”的叫声，并连用了几个动词，写出了公鸡动作稳健又神气十足的特点：“踱”、“蹬”、“跃”、“扑打”、“昂”。

第二个场面是一场争斗，作者着重写了大白鸡与对方交手的情况，你来我往，对方是个强敌，可是强中自有强中手，这场搏斗以白公鸡胜利告终，作者这样写：“白公鸡纵身一跃，伸出锋利的鸡爪抓住花公鸡脖子上的花毛，使劲一拽……”

这篇文章给我们提供的借鉴是，观察要仔细，尤其是对动态的观察。

[例文 6]

水　仙

北京景山学校六年级　许　萌

晚上，我刚来到二姨家，就被窗台上那盘鲜绿的水仙吸引住了。

在一个十分精巧的白瓷盆里，七丛婀娜的水仙站在放着许多美丽的石子的清亮亮的水中。在电视机发出的微弱的光亮下，那翠绿的叶子闪着幽幽的光。最惹眼的是中间的那丛，比其他的都要粗壮，都要茂盛。她的中间是一根高高的花胎，在花胎的顶端，我惊喜地发现有五个小小的黄白色的花苞，有的微绽羞颜，有的仍闭目养神。要不是该睡觉了，我真想看看她们究竟是怎样开放的。

第二天一睁眼，就闻见一股似有若无的淡雅的香气，我一下就想到了水仙，连衣服和鞋都没穿好，就下地去看花。不出所料，昨晚那两朵含苞欲放的蓓蕾已变成素洁清雅的花朵了！她俩互相偎依着，向着从窗外落在房顶上的朝阳点头致意。六片洁白的花瓣向四周舒展着，一圈金黄的小花瓣又俏皮地立在中间，前人形容她为“银托金盏”，是多么恰当啊。几根粗壮的雄蕊簇拥着半透明的雌蕊，颤动着散发出清幽的沁人心脾的香味。雪白、半白、金黄，几种颜色搭配得这样和谐，如诗中的韵味，歌里的旋律，再加绿叶的映衬，正是凌波仙子了，有仙女一样的圣洁，有清水一般的纯净。她的叶片总是那样青翠，那样挺拔，好像只要把叶尖掐去，那里面的浆液就会像泉一样涌出来。她的茎有些像葱头，那许多叶子就是从这儿抽出来的。“葱头”底下长着许多白而细的根须，像是一把白胡子，交错在石缝中，别有韵味。

在漫长的冬日里，昔日繁茂的树冠现在也只剩下光秃秃的丫杈，那各异的绿和缤纷的花已销声匿迹了，留给人们的只是寒凝大地。可现在呢？窗外是碧蓝的天空，光芒四射的太阳，眼前是笑靥迎人的水仙，这使我猛地感到春意荡漾，似乎看到了春姑娘的来临。

水仙是室内花枝，她没有岁寒三友松、竹、梅的那种刚毅的性格和耐寒的本领；但她以娟秀飘逸的风姿给人们带来春意，使人感到不是春光，却胜似春光。古人不是说水仙“含笑春晖暖，千年风韵在”吗？

梅花是春的使者，水仙也同她一道报春。我凝视着水仙那碧玉似的叶片、亭亭玉立的花朵想着，水仙开了，春天还会远吗？

[评析]

读了《水仙》，让人感动的是孩子赏花的情趣，习作者是怀着惊喜的心情观察水仙的，写出了水仙绰约的风姿。许萌长于描写。写水仙的总体用“娜娴”一词，写花朵用“素洁清雅”来形容，写叶片是“青翠”、“挺拔”，写茎则用“葱头”来比喻；用拟人的方法写两朵花“互相偎依”，还向阳光“点头致意”；用通感的方法写水仙颜色的和谐，“如诗中的韵味，歌里的旋律”；写叶子的鲜嫩，用了想象，“好像只要把叶尖掐去，那里面的浆液就会像泉一样涌出来”；还用“精巧的白瓷盆”，美丽的石子，清亮亮的水来作映衬，用岁寒三友作对比，用古人诗句作佐证。

有人说：静物不好写，不如“动”物那样容易写得生动传神。当然，“动”物有鲜活的特点，可是静物自有静的神韵。写静物就是要写出神韵。在这方面《水仙》为我们提供了有益的参考。

［例文 7］

雨中观荷

辽宁凤城一中高三　魏　霞

白日观荷，似乎有些平淡直率，雾里观荷却过于渺茫迷离，清晨观荷似乎有独斟独酌的意味，夜晚观荷未免过分幽静。那么，最佳不过的，便是雨中观荷喽。但我却偏不只愿“留得残荷听雨声”，更喜欢在微雨朦胧里聆听荷声，歌声……

微雨里，一切都得到了净化，不管是温润的，还是柔曼的，都可爱得逼你的眼。而那洁如冰雪，秀似粉颜的荷瓣也格外新丽芬芳，荷蕊更见风致，莹洁得使你以为它已化为晶黄的水，却怎知那正是雨的微妙之处。微雨里，没有一丝风，那一塘碧水却跳荡起无数条银线。荷花与塘水之间，微雨里更加盈实；顽韧的梗却格外地显眼，翠得要滴下鲜美的汁液，使你看一眼就永不忘记。

片片的荷叶，如母亲的手接着雨，是慈爱的，温厚的，以至于那雨被感化，倏忽间轻微地嘤嘤地泣着滚落在母亲的手里，恋恋地隐入荷塘里。那声音，初起时渺渺茫茫，而后却已然是浩浩荡荡，妙不可言。没有残荷的凄楚，没有淡雾的缠绵，它的好处凭你去用万般形容也说不出，只能深深地去感受……

雨中荷，是多情女；雨中塘，是慈母怀。雨中观荷，你会涌出万般情怀，你会希望自己化为雨，去滋润满塘的荷。

［评析］

《雨中观荷》是一篇只有五百多字的短文，可我想魏霞为写它一定花了不少工夫，因为无论从选材、写作方法、语言哪一方面看，作者都是用心推敲过的。她静心地仔细地看了，精心地写出来了。

荷花也是静物，作者把它放到特定的环境——微雨中——来写，就别有一番风韵了。写出了雨是怎样“净化”、“温润”着荷，写荷是怎样接着那雨，“恋恋地隐入荷塘里”。尤其写荷塘中的雨声，更是别致。最后，在这雨中，在这荷前，作者说“你会希望自己化为雨，去滋润满塘的荷”。赏荷的人已企盼与荷相融，真是赏出了味儿，赏出了神。

[例文 8]

赏 菊

福州一中初一　林建菁

十一月初的福州，正是金色的秋天。秀丽的风景区——西湖，在秋霜中披上了鲜艳夺目的秋装。那一盆盆婀娜多姿的菊花，便是榕城最浓的秋色。

当东方透出一丝晶亮的曙光，大地在熹微中抬起胸膛，我和同伴们便踏上了旅途。清晨的空气多新鲜，远处的高楼和烟囱像罩上了一层面纱，时隐时现。早晨多么幽静，多么诱人呀！

清晨的西湖，更是秀丽迷人，那成千成百的菊花，把西湖点缀得更加绚丽多姿。

瞧，那银装素裹的“凌波仙子”，犹如刚出水的芙蓉，洁白无瑕，又似一位亭亭玉立的少女，显出妙龄女子的风姿。那一片片细长洁白的花瓣，微微向下垂着，是那样的温柔。花瓣上那几颗晶亮清澈的露珠，莫非是她因激动而闪耀的纯洁真诚的泪花？

在离她不远处的另一盆菊花——“英雄气概”，气势却与她截然不同。那一片片深黄色的花瓣，向外舒展着，她不像“凌波仙子”的花瓣向下微垂着，而是傲视着秋霜，倔强地抬起头，显示出英姿飒爽的气概。也许就是这个缘故，她才得了“英雄气概”这个美名吧！

接着，我又看到了“独寻秋色”，那一片片狭长的花瓣向外伸着，花瓣的尾部微微卷起。看来，她性格好静，不愿成群结伙，更喜欢独自去寻找金色的秋天。

在又一个人们啧啧称赞的菊花丛里，我看到了“金狮漫舞”。她的部分花瓣非常长，非常细，看上去似乎很软，尾部卷曲着，很像狮子身上的长毛。又因为她的花色是金黄的，故称“金狮”；它的另一些花瓣向下垂着，一阵风吹来，那花瓣便会微微抖动，看上去，确实像一只金狮在翩翩起舞……

秋天的西湖，真是菊花的海洋，菊花的世界。你看，山坡上有“玉翎管”、“紫燕”；湖滨有“白玉针”、“墨荷”、“紫如意”；而夹道欢送人们的更有“金丝垂钩”，“秋红日月”、“锦绣鸳鸯”、“粉牡丹”……真是琳琅满目，五彩缤纷，令人应接不暇。

这时，离我不远的地方，一位神采奕奕的老大爷，正捻着白白的长须，低声吟诵着挂在墙上的唐代著名诗人李白的颂菊诗。他又弯下腰，细细地观赏着这些姿态万千的秋菊，时而点头微笑，时而流露出惊讶的神色。只听他喃喃自语：“真是秋菊逢花期，千姿百态啊！”

我突然有所感触，这岂只是“秋菊逢花期”，我们的榕城，整个祖国，不正是遇上了“花期”，呈现出千姿百态吗！

[评析]

秋来赏菊是乐事一件，也是传统的秋日活动，《赏菊》一文先用三段文字写福州的浓浓秋色，写自己去赏花的欢愉心情，为后文写菊花绘制了背景。

菊的种类太多了，姿色各异，作者面对这百花齐放的场面，并没有眼花缭乱，他将详写与略写处理得很好。详写的四种菊花各代表一种风格，有的亭亭玉立，有的英姿飒爽，有的性格好静，有的翩翩起舞。略写部分也很有层次，山坡上的、湖滨的、夹道的，配上菊花的好听的名字，也令读者应接不暇了。

结尾处由花写到人，借一位老大爷之口，说出赞叹之词，进而联想到榕城、祖国也正是遇上了花期。意义深远。

描写菊花的部分，作者特别注意描写菊的花瓣，抓住了菊花千姿百态的关键所在，并且多用比喻、拟人，把菊花写活了，写神了。

[例文9]

多少春意在严冬

北京师院附中初二　张　飒

落了，落了，深秋的枯叶洒满山野；近了，近了，初冬的脚步踏进北国。

朔风开始尖着嗓子叫喊，亲热地用冰冷的嘴唇把人们的脸颊吻得通红。尽管太阳每天露面，依然那么耀眼，却再也不肯慷慨地发光散热，似乎也惧怕寒冬的威严。无可奈何的人们只好任凭调皮的朔风伸着舌头把全身舔得冰冷。

抬眼望一望天空，似乎比任何时候更高远明澈，渲染着一片朦胧恬淡的蓝。轻纱般的白云点缀着它，好一个素雅清新的天！

而水呢，比天更多几分的魅力。看这条宁静的运河，正是一条蜿蜒的碧玉带，绿得发黑。这是最凝重的绿，最深沉的绿，是绿色的沉淀。也许是岸边那些树木被风吹落的绿叶溶化在水里，才把水染得这样浓，这样深吧？也许是岸上那些夏天里翠绿欲滴的草绿流进水里，才把水色冲得这样深，这样浓吧？是啊，寒风虽然催黄了它们的外表，又怎能冻住那颗颗嫩绿的心？那岸边的绿草，满树的绿叶虽然枯萎了，凋零了，却把全身心的希望，把浓重的绿倾注给这绵延的运河。这一捧捧的绿汇成的河啊，是希望的结晶，是蓬勃生机的发源地，怎能不深，又怎能不浓？它在流淌，它在酝酿来年将把被隆冬封锁的荒野浸润成绿的海洋。

阵阵风儿轻盈地从河上掠过，激起满河鳞波，一行行整齐地排列在水面上，有层次地起伏着。阳光投到河面上，被鳞波击碎了，散落成一颗颗银色的小星星，闪闪烁烁。运河啊，好一匹绿锦缎！它璀璨，辉煌，给单调的冬日增添了多少生机！

但是，如果你仔细看，又觉得它并不是绿的，而是透明的。噢，世界上最透明的玻璃也不及它清亮。河底的水草、落叶，甚至一粒粒细小的石子都在你眼前一览无余。它又是一面最可爱的镜子，岸上的一切，在它那里都被蒙上了一层清亮的绿纱。望着河中的水底世界，你会由衷地赞叹："好一块空灵的绿水晶！"

河岸上，一片看似单调的黄土，却挺出一两枝新鲜的红豆，仿佛镶嵌着一颗颗通红晶亮的小珍珠，又如同一双双眼睛在凝视着寂寞的山野。不，山野并不寂寞，野菊花还在石缝下悄悄地开着；远处那一丛丛倔强的丰花月季，仍热闹地簇拥在一起，仰着红彤彤的脸蛋，在寒风中发出微笑。啊，那通红的脸，不知是被寒风冻红的，还是因兴奋涨红的。

山野的绿色也尚未褪尽，还有一星半点的草梢没被染黄，更有那一棵半棵倔强的杨柳，奇迹般保留着完整的树冠，固执地坚持着那一树已被寒冷蹂躏得铁青的绿，啊，那是多美的一树绿，尽管绿得不鲜嫩，不清新，却是一树勃发的生机，一树来年的希望。

啊，谁说冬天单调，谁说冬天枯燥，谁说冬天扼杀了一切，漫漫风雪中，隐藏着多少盎然的春意，又孕育着多少蓬勃的生机！

[评析]

看了《多少春意在严冬》一文，觉得似曾相识，有《济南的冬天》的韵味。老舍先生写的是济南冬天的温；张飒是在严冬中寻到了春意。仿写可取吗？应该肯定初学写作的人，仿写是一种好的训练方式，当然，这里指的不是只取皮毛的形式上的模仿。古人曾说："善学者得鱼忘筌，不善学者刻舟求剑。"看来，仿写要仿真精神，仿作家们观察的方法，写作的思路。

这篇文章能从大处着眼，先总写寒冬的威严；能于小处落墨，从天空中、运河里，岸边、田野寻找冬天的点点春意。这几个方面又以描写运河为重点，详写，其余部分作陪衬，略写。把原本枯燥、单调的冬天写得有生机，给人以清新之感。

写运河的一部分中，有一串问句，仿《济南的冬天》的语句，而写绿的特色的语言又露出了朱自清先生的口气。但因为仿得灵活，就能很好地为表达自己的意思服务，仿中有化，化成了自己文中的佳句。

[例文10]

春 色

北京师院附中初三　杨中强

如果说，秋天是金黄色的，象征着成熟和收获，那么春天就是绿色的，代表着生命和奉献。

冬去春来，从树的枝杈上探出头的点点新绿，迎着温暖的春风，颤动着。打了几个滚，翻了几下身，那绿色仿佛眼见着长起来，由嫩绿变成深绿。渐渐地，绿成一片，在阳光下，忽明忽暗，掩映生辉。

大地也是绿色的。嫩草刚从土壤中钻出，细软轻柔。但很快的，这儿一丛，那儿一簇，铺成绿的地毯，织成绿的锦绣，这便是开花的前兆。斑斓绚丽的花朵，正是出自这醉人的绿呢。

要想饱览春天最浓的绿色，莫过于去看湖水了。记得朱自清老先生曾写过梅雨潭的绿，深得甚至有些微微发蓝。那是集叶片、草尖和天空为一身的颜色。在明澈、纯净、绿色的湖水中，无数尾小鱼在畅游。在如此美好的环境中，到了秋天，它们将是怎样的肥壮。那时，只要去看垂钓者的笑脸就行了。

春天的绿是十分清新诱人的，但春天绝不仅仅限于绿色，它是全颜色的。可以说，任何一个季节都没有春天的色彩缤纷，任何一种颜料都不可能把春天的所有颜色绘出。

春雨是无色透明的，它清洗得树木更葱郁，青草更鲜嫩。土地被春雨浸湿，泛出缕缕清香气，弥漫不散。荡漾的湖面，被激起一圈圈波纹。叶尖、草梗，挂着滴滴晶莹的水珠，当雨住日出时，反射出七彩的光华，宝石一般。

花朵是纷繁的。春雨把它浇灌，春风催它绽开。靠着绿叶创造的“财富”，它竞相斗艳，这儿一朵，那儿一束。红的燃起“火焰”，粉的荡出“霞光”，白的飘溢清香。它们是美的使者，春的精灵。看到这么艳丽的花朵，闻到如此的芬芳，大概不能不令人想到秋天那甘甜的果实了。

春雨滴入花心，春风摇动花枝，美不胜收。

轻风又送来雪白的杨柳的飞絮，蓬松的，柔软的，飘忽不定。很像漫天下起了大雪，只是天气没有那么寒冷罢了。

置身于春景中，煦日当头，各色交杂，怎不让人叹服大自然的匠心，一刹间变幻出比万花筒更加多彩的画面。

[评析]

题目中有个“色”字，全文就以“色”为线索。春天是色彩缤纷的季节，文章写了树杈上的绿，大地上的绿，湖水中的绿；透明的雨，纷繁的花，雪白的柳絮。用这彩色的丝线，串连了春天的万物，编织了一幅绚丽的春天织锦图。抓住季节特色当做线索组织文章是好方法，这样写能把观察到的种种景色安排得很有条理，又层次分明。

这篇文章以写眼前的色彩为主，又添加了一点点的联想、想象：“在明澈、纯净、绿色的湖水中，无数尾小鱼在畅游。在如此美好的环境中，到了秋天，它们将是怎样的肥壮。那时，只要去看垂钓者的笑脸就行了。”“看到这么艳丽的花朵，闻到如此的芬芳，大概不能不令人想到秋天那甘甜的果实了。”这样写使文章活泼、丰满。

文句生动、俏皮，是这篇文章的第三个长处："打了几个滚，翻了几下身，那绿色仿佛眼见着长起来，由嫩绿变成深绿。"把那绿是怎么长的、怎么变的写得又生动又巧妙。这样的语句与春的蓬勃的氛围非常谐调，很有感染力。

［例文 11］

春雨赋

华东师大一附中初二　李盟鸥

"好雨知时节，当春乃发生，随风潜入夜，润物细无声。"春雨就像一个天真活泼的小姑娘，她走到哪里，哪里就是一派生机。俗话说"春雨贵如油"，真是一点不假。大诗人细致入微的描绘，跟人民群众喜悦的赞语，具有异曲同工之妙。

春雨，游丝般的春雨。它飘来大地，不停地飘着。不一会儿，地上出现了小水潭；不一会儿，地上出现了大水潭。啊，雨滴大点儿了，如珍珠般一滴滴地滚进了大大小小的水潭，击起一圈圈的涟漪，像鱼儿在不断地甩尾，像蜻蜓在不停地点水，那么美。涟漪和涟漪碰在一起，又向两边扩展，形成了自由的、细小的波，又像是一幅幅绉缬盖在大大小小的水潭上了，更显得美不胜收了。

春雨，绵绵不断的春雨。洗刷着青草，洗刷着树叶，越洗越绿，越洗越亮，越洗越鲜，越洗越嫩，似乎把草根都洗得流油，把满是瘢痕的树干都洗得发青了。有首歌唱道："三月里的小雨，淅沥沥沥沥沥，淅沥沥沥下个不停。"正如这歌词中写的，春雨总是不停地下着，像是唱着温柔清新的春之歌。

春雨，是春天的象征，也是新生的象征。春雨唤醒了生物，小草钻出了地面，昆虫走出了小窝，花儿绽开了笑脸，鸟儿放开了歌喉。春雨真是复苏的雨！

春雨，能灌溉农田，也能滋养草木，还能消除旱灾。春雨的灌溉使麦苗茁壮成长，春雨的滋养使草木欣欣向荣。春雨真是及时的雨啊！

春雨，如丝的春雨，绵绵的春雨，复苏的春雨，及时的春雨。它总是默默地滋养着大地，哺育着大地，抚爱着大地。毫无保留地将自己的身心都献给了自己的事业，永远勤勤恳恳地为人们服务。

啊！“好雨知时节，当春乃发生……”

[例文12]

春夜喜雨

北京景山学校高一　肖承丽

刷刷，刷刷，春天的使者——春雨唤醒了我。

咦，下雨了！我一咕噜爬起来，悄悄地拉开了房门。立刻一股凉润的空气直扑进我的鼻孔。几粒雨珠落在我的口中，清凉凉，甜丝丝的。院子里静悄悄的，细雨随着微风悄悄地飘洒着。殷勤的小雨点，洒到了天地间万物的身上。田里的庄稼，含苞未放的花蕾……它们是多么需要雨水呀！真是“好雨知时节，当春乃发生”。

灯光亮了，人们有的从窗口探出了头，有的跑出了屋，迎接这春天的使者——春雨。灯光照亮了静悄悄的夜。抬头望天空，像有无数春蚕在吐着柔软的细丝。忽然两辆汽车相对驰来，一道灯光射过去，另一道灯光射过来，地面上铺开了两张洁白的光网。如丝的细雨争先恐后地穿过光网。路两旁万千条柳丝上一颗颗雨珠映在白光中，闪闪烁烁，像无数珍珠，把春夜雨景点缀得更加美丽。

我的心完全沉浸在这美丽的景色中。让春雨洒遍我的全身，我要享受这甘露般雨的甜味，我要痛饮这如油的春雨。

“承丽，回去吧。”站在我身旁的母亲说。这时我才觉得这是夜里。我又贪婪地做了一次深呼吸，回到了屋中，久久不能入睡。

“明天会是什么样呢?”明天花园里的迎春花会开得更艳丽，街道上的杨柳将绽出新绿……

明天，明天会百花齐放，春色满城!

[评析]

例文11、12都是咏春雨的短文，写的都是知时节的好雨，写的都是作者对春雨的咏叹，写的都不只是眼前，而是由目前生发出的联想。

两篇文章又各有特色:《春雨赋》突出一个“赋”字，《春夜喜雨》抓住一个“喜”字。

“赋”有铺陈的意味。《春雨赋》中有四段用形式大致相同的句语做开头，来“赋”春雨:“春雨，游丝般的春雨。”“春雨，绵绵不断的春雨。”“春雨，是春天的象征，也是新生的象征。”“春雨，能灌溉农田，也能滋养草木，还能消除旱灾。”其中全文第二段写春雨与小水潭，很新鲜传神，充满了春意，字里行间蕴涵的欣喜之情也令人感觉得到。第三段由小雨引出“下个不停”的歌词，由此而表现“淅沥沥沥”的“春之歌”，既写出春的神韵，又令人想到春雨中的种种生机勃勃的画面了。

春天的雨总是被人称为“喜雨”，因为下得正当时，是知时节的好雨。《春夜喜雨》一文直接用杜诗的诗题做文题。开头就写出了自己的“喜”，通过嗅觉写雨中“凉润的空气”，通过味觉写竟然尝到了春雨的“清凉凉，甜丝丝”。除了作者，还有人“从窗口探出了头”、“跑出了屋”，大家都在盼，都在因落雨而欣喜。描写雨写了车灯下的雨丝，写车灯光映照下路两旁雨中的柳树。作者选择的镜头很别致，还具有城市特色。结尾处想到明天，言有尽而意无穷。

［例文13］

雨

北京景山学校初一　邹旦倪

傍晚，天气突然变了，空气又闷又热。天好像一个大锅盖，人们在热气腾腾的“大蒸锅”里，真是热锅上的蚂蚁，坐立不安。“老天爷，刮一点儿风，下一点儿雨吧！”——这是人们心底的愿望。正在这时，从南边刮来一阵小风，是清凉的小风！给这闷热的空气带来一丝凉意。一会儿，风越刮越大，“有凉风啦！”树叶、柳条在传达这个喜讯。树叶哗哗地歌唱，柳条翩翩起舞，“有凉风啦！”人们也高兴地喊。一下子，院子里的人增多了，人们都往外跑，享受这清凉的空气。

这时天空大片大片的乌云排山倒海地压来，把那蓝色的天吞没了。乌云越来越多，蓝天越缩越小，最后仅剩下当头一块小小的蓝色，但因寡不敌众，终于被乌云遮没了。

不一会儿，风越刮越大，这风已不是小风了，而是狂风，风里夹杂着沙子。但人们还是非常舒服，不肯走进屋里。

“要下雨啦！”不知哪个有经验的人大声喊。院子里晾的衣服像变魔术一样，一下子都不见了。说时迟，那时快，一个大闪电刚完，紧接着响起了响亮的雷声，雷声还未落，蚕豆大的雨点就横扫下来。“下雨啦，下雨啦！”人们高兴地使劲跳着，喊着。顽皮的孩子还没来得及用舌头尝尝这甜滋滋的雨水，便被转眼间的倾盆大雨驱逐到屋里。

风吹着雨，声音好像千百个士兵打仗时的喊声，又像千百个蝉儿一齐鸣叫。我好奇地把鼻子贴在玻璃上向外张望，什么也没有，看见的只是一个水世界，院子里成了河。屋旁种的老玉米、向日葵、蓖麻，都在手舞足蹈地争着喝这救命水。叶子绿得发亮，直射人的眼睛。这时使我想起，田野里的庄稼不知怎样了？一定也在洗澡、喝水、舞蹈，农家的老人大概正幸福地捻着胡子，看着他的宝贝怎样贪婪地喝着救命水。是啊！在这旱年，庄稼枯萎的年头，这场雨下得多及时、多宝贵啊！雨，愿你下得更大！

可惜，雨下得不长，只一顿饭工夫。雨后，空气更清新了，一轮明月从乌云后露出笑脸。人们又都拿着凳子到院里乘凉，小孩子在奶奶怀里听她讲什么雷公雷婆的传说，老人、青年人则在院子里互相谈论今年的年景。

真的，这场雨，即使是一场阵雨，也给人们带来了无限快乐和希望。

[例文 14]

雨

东北师大附中高一　鲁雪翎

都已是下午两三点钟了，太阳还是像火一样，烤得树上的知了一个劲儿地叫，我也热得只想把手中的阳伞当扇子使。唉，天哪怕阴些也好！

回到姑妈家的时候，天果真阴了，可是一丝风不透，依然又闷又热。这鬼地方，哪有长春凉快呀！连街上那高大的树木都增加了空气的压抑感。

快下场雨吧！我在心中祈求着。谁知老天爷沉着脸，屏着呼吸，硬是两三个小时没吭声儿。

忽然，一阵凉风从窗外飘了进来，送来小院里那淡淡的茉莉花香，把我引到了窗前。慢慢的，那些被阳光晒得颜色发燥的花瓣滋润起来，那颜色先是斑驳的，然后就都成了“深色花”。

哦，下雨了！我这才意识到。

雨点开始是稀稀疏疏的，再就成了银丝，又变成了珠帘，最后是浓浓的烟雾。雨点儿在院子里的水泥地上溅起一尺来高，又向四周散落下去，飞花碎玉般的。

天白蒙蒙的，只能看到雨幕后面那若有若无的花影，红的、绿的、黄的、蓝的……是那么柔和，仿佛是各种颜色在一张白色宣纸上洇了开去，融在一起……

我翘起脚，想看看雨雾后那绚丽、神秘的世界，可雾的后面还是雾，烟的上面还是烟，我看不见，望不着。也许这便是可望而不可即了吧！

烟渐渐地浅了；雾，渐渐地淡了。我不仅能看得清近处的花草，还能看得到远处的一抹黛色的远山，那是西山，上面有北京的名胜“八大处”。

这里的雨固然大，却很珍惜时间，只一会儿就停了。

我走到小院里，茉莉那淡雅的芳香在清新的空气里显得格外浓烈，我简直都醉了。美人蕉花瓣上还滚着雨珠，显得颜色更红更艳更美更愁了，像几位身着绿色衣裙的佳人，在伤心垂泪。我想，这也算得是一处景致，便取名“美人清泪”吧！可她们为什么流泪呢？也许是想家了吧！

抬头叹了一口气，远山又出现在面前——她是这么近，却又那么远，仿佛被神话中的蓝色玛瑙云笼罩住了。我不禁想登上去看看，去看看那梦中的蓬莱仙山……也许山的后面还是山，但我想那后面的后面一定会有我的家！于是，我懂得了什么是故乡情……

月亮升起来了，真没劲——只有邻院的墙那么高。长春的月亮多高呀！

屋檐上的水还在滴，一滴、两滴……

[评析]

这两篇文章都描写了夏季里的一场阵雨。虽各有特色，却颇有异曲同工之妙。两文都着力渲染雨前的闷热——这是夏季雨前的气候特点；而后一阵清风飘来，乌云满天；大雨从天而降，来得急，去得快——这仍是夏季阵雨的特点。

雨前，例文13以突出人的感受来渲染气氛，“老天爷，刮一点儿风，下一点儿雨吧！”“院子里的人增多了，人们都往外跑……”闷热；例文14则突出侧面描写和心理描写，“都已是下午两三点钟了，太阳还是像火一样，烤得树上的知了一个劲儿地叫，我也热得只想把手中的阳伞当扇子使。唉，天哪怕阴些也好!”“快下场雨吧！我在心中祈求着。谁知老天爷沉着脸，屏着呼吸，硬是两三个小时没吭声。”

然而，像变魔术一样，一阵凉风飘过，大雨就下起来了。例文 13，侧重写雨势：“风吹着雨，声音好像千百个士兵打仗时的喊声，又像千百个蝉儿一齐鸣叫。”例文 14，则侧重写雨的过程：“雨点开始是稀稀疏疏的，再就成了银丝，又变成了珠帘，最后是浓浓的烟雾。”

来也匆匆，去也匆匆，这就是夏天的阵雨。两文都注意到了这一特点。例文 14，对雨后景物的描写更具特色，让人感到亲切、动情。两位不同年龄的小作者都调动了所学的多种表现手法，把一场雨写得生动、逼真，有气势，有特色。

自然界是千变万化的，要观察自然界的“变”，写出自然界的“变”，例文的作者就做到了这一点。其实，这其中有的变化仅仅发生在几秒钟之内，但小作者看到了，并有顺序地写出来了。写自然界，不忘写人，两条线齐头并进，交错进行，读起来更觉真实，景物充满生机，使读者感同身受。

如果我们推测，这两篇文章都是读过了老舍先生的《在烈日和暴雨下》一文后写成的，大概不会错的。仿写大有好处，这两篇文章又是一个证明。

[例文 15]

我言秋日胜春朝

北京景山学校七年级　顾园园

每每秋日，那萧瑟的秋风，萧杀的秋气，给茫茫大地平添了几分不尽的寒意。于是，就有几多的“悲”、几多的“愁”从诗人的笔下流出。然而在我看来，秋虽萧萧，但并不全是“凄凉”，更多的还该是爽朗，是饱满，是灿烂！

你看，秋天里高天空阔，云清气爽。太阳发出柔净的光辉，秋风荡开层层涟漪。排飞的鸿雁冲霄而上，群嬉的鹅鸭入水而游。日夜辛劳的人们，挥去夏天炎炎暑热，享尽秋日丝丝清凉。

阵阵秋风掠过，树叶开始变黄，于是那绿色里便掺进了黄色和红色。像化妆师上的浓妆，像画家涂的重彩，看上去色彩斑驳。经霜的枫林，更是红透可爱，呈现出热烈、勃勃的景色。

田间地边，是满眼的收获。苞谷熟了，大豆收了，高粱、玉米一溜溜地挂在屋檐，像一串串玛瑙，似一串串珍珠，让人分不出哪是庄户人家的门帘。

山头路畔，一眼望不尽的果树：紫嘟嘟的葡萄、红透透的大枣、酸甜甜的鸭梨、香脆脆的苹果，开口笑的是石榴，打灯笼的是柿子，迈一步，都会让你醉倒。

中秋，十五的月儿升起来了，还是那样清圆明亮。吴刚捧出新酿的桂花酒，嫦娥舒起翩翩的裙袖，为此时相聚的人们倒一杯甘醇，唱一曲新歌——但愿人长久。

啊，谁说自古逢秋多悲寂，“我言秋日胜春朝”。

[评析]

七年级的、十二岁的顾园园，她心里充溢着的是童趣，是快乐。这样，她眼里的秋天才是“爽朗”、“饱满”、“灿烂”的。她正是怀着这种心境描写秋天的，所以才使这篇文章很有个性。树叶黄了，她说是“化妆师上的浓妆”、“画家涂的重彩”；果子熟了，她说“迈一步，都会让你醉倒”。分几段扣住“爽朗”、“饱满”、“灿烂”的特点来写。自然界在少年笔下就是这么美丽，这么明净。

小小年纪，文笔却不幼稚，一串的排比，一个个的比喻，一步步地渲染，就连题目也用的是一句古诗。这样的文句与她的少年心该是矛盾的，但在这篇文中却有趣地统一了，读了让人忍俊不禁，觉得小作者是一副小大人儿的样儿。我问过顾园园，怎么会写出这文章的。她笑笑，只是对我说，她喜欢看字典。

［例文16］

雪之曲

——美好的一瞬

北京师院附中初一　黄　宁

六个瓣的雪花儿姑娘从天空悠悠飘落到人间，覆盖了大地，给大地披上了一层厚厚的雪被。这是冬爷爷在即将离开人间，迎接春姑娘到来的时候，又悄悄地为人间留下了自己最后的、可爱的孩子们。

大地是雪白的，房屋树木也是雪白的。白得那么清新，白得那么醉人。这一切触动了我的某根神经。对，把这美好的一切挽留下来。于是，当雪花姑娘还在纷纷扬扬飘落的时候，我叫上吴涛，提上照相机，来到操场上。

雪停了，小鸟出来了。它们可能也是在欣赏这美景吧。瞧，那些小鸟站在电线上，“啾啾”地欢叫着，俯瞰着银白的大地。“咦！瞧它们，多像是站在五线谱上的音符，在演奏着一支‘新春迎雪奏鸣曲’呀！”我惊喜地说道。

“你真富于想象。快，把它留下来。”吴涛的一句话提醒了我，我赶快拿出相机，对好焦距，调好光圈。“咔嚓”，快门按动的响声惊动了“五线谱”上的“音符”们，它们都扑扑翅膀飞走了，留下了一晃一晃的像是在挽留那些“音符”的“五线谱”。尽管这样，刚才那美妙的一瞬间已被我永久地留在了相片上，心底里。

操场上的假山石更是有趣。瞧它们，有的像一只纯种白毛的波斯猫，全身都是白的；有的像一只灰褐色的小狮子狗，头顶上戴着一顶白白的帽子，显得那么滑稽有趣。它们亲切地依偎在一起，睁着可爱的“眼睛”，真像皑皑白雪上的一幅美丽图画，别有一番情趣。

“来，吴涛，在这儿留个影！”我们打扫干净一块石头，坐在上边亲亲热热地搂在一起，请一位过路的大姐姐照下了这张有特殊背景的照片。

操场上的雪是新鲜的，还很少被人践踏，又松又软，踩在上面“咯吱咯吱”地响。这多么像弹钢琴，积雪在人们脚下奏出了轻松而又有节奏的圆舞曲。

我忽然灵机一动，脑海中又闪出了一个题材——让吴涛从没走过的雪地里留下一串深深的脚印。我告诉吴涛，它的寓意是：学习的道路是漫长的，曲折的，我们要坚定地踏实地一步一个脚印地走下去，实现自己的理想。吴涛为我这个题材取了一个幽默的名字——无题。

白雪奏出的乐曲是清新的，动人的，它是大自然孕育的人间最美的乐章，它为我留下了美好的回忆。

[评析]

《雪之曲》的作者是个聪明的、肯动脑子的少年。我虽然不认识他（她），但“文如其人”呐！你看他（她）选择了一个多好的方式写雪景：摄影。首先这种构思很新奇、脱俗，不落一般写雪景的窠臼，命题中有一“曲”字，副题中有一“瞬”字，趣而雅。

另外，这种“摄影”方式也解放了作者的手脚，便于转换视角，照一张“五线谱上的鸟儿迎春奏鸣曲”可以；角度一换，雪中假山的景致拍下来，也“别有一番情趣”；像弹钢琴一样在雪地上用脚奏出圆舞曲，拍下来，给个深奥的命题，也很自然。

写雪景用这种方法好，写别的自然景物呢？你自己可以试试。

[例文 17]

捅马蜂窝

北京师院附中初二　田立峰

暑假中的一天，我惊奇地发现：屋后的大杨树上不知从哪儿搬来一大群马蜂。蜂窝正对着我家的后窗户。它们整天“嘤嘤嗡嗡”地飞进飞出，蛮自在的，却苦了我们兄弟三个，闹得我们一近窗前就提心吊胆，后来甚至连窗都不敢开，生怕这些新“邻居”们一时心血来潮，光临拜访我们。

对它们敬而远之看来不行，在忍无可忍的情况下，我们决定八月二十七日下午三点捣毁它们的老巢。总指挥自然是我——这可是我毛遂自荐呀！

中午，烈日炎炎，知了没完没了地叫着“热呀！热呀！”我们却“全副武装”：戴着手套，穿着长裤和长袖上衣，裤脚都用线扎了起来，一人扛着一根长竹竿，带着一个大号洗脸盆，便出发了。

真热呀！刚出家门，我们便有些受不了，到了树下，弟弟们一个个直喘粗气。我皱着眉头思考着：必须速战速决，时间一长，我们全得“抛锚”。

我把他们叫到跟前，先进行了一通“政治鼓动”，阐明了捅掉蜂窝的意义及听之任之的危害。然后，我做了“军事行动”安排：“准备好，我喊一、二、三，咱们就一块捅！”

看好地形，我一声令下，“嗤！嗤！嗤！”三根竹竿一下子全戳进了蜂窝。我用力一挑，蜂窝就飞到半空。“呼——”马蜂一下子炸了窝。它们像没头苍蝇似的乱飞乱撞，当它们发现我们这些“入侵者”时，不约而同地俯冲下来。

“妈呀！”大弟吓得扔掉脸盆撒腿就跑；二弟用盆扣住脑袋趴在地上瑟瑟发抖。

我看见马蜂冲下来，也着实吃了一惊，赶紧把脸盆扣在头上，身子蜷成一团，活像个缩进甲壳的大乌龟。只听得马蜂撞在脸盆上“砰砰”的声音。我觉得自己真有点随机应变、临危不惧的机灵劲，暗自得意起来。

过了一会儿，听不见马蜂的嗡嗡声了。我小心翼翼地从“乌龟壳”中探出头来，左右看了看，听了听，就把脸盆从头上摘下来，刚想“班师回朝”，忽然一阵钻心的刺痛，低头一看：哎呀！脸盆上密密麻麻地落了一层马蜂，有一只正爬上我的手背，使劲地蜇呢。这下我可慌了手脚，扔掉脸盆狼狈逃窜。马蜂们却穷追不舍，轮番进攻，转眼之间我的脑袋上几处刺痛，我拼命扑打着夺路“突围”。

直到我跑进了单元门，才算把马蜂甩在了身后。还听得见它们愤怒地“嗡嗡”地直叫。

我闯进家门，迫不及待地奔到穿衣镜前，自己也被镜中的样子逗乐了。再看看两个弟弟，比我更惨，三个人都成了伤兵，大家互相望着，笑得直不起腰。这时候，我头顶上的大包，似乎不那么疼了。

[例文18]

灭　蚁

福州一中高二　邓本元

蚂蚁是一种害虫。昔人有云：“千里之堤，溃于蚁穴。”一句话把它的危害说得够叫人吃惊的。夏天里，蚂蚁最讨人嫌了。有时它们三五成群地跑到放碗筷的地方看看、舐舐，甚至爬到油瓶中“揩油”；有时竟不小心掉在油里，糟蹋了一瓶油；有时它们还成群结队、浩浩荡荡地从桌上、灶边走过，好像游行示威似的。因此，我非常憎恨这些小东西，时常筹划着如何消灭它们。

一天，我打死一只苍蝇，心想可以用这死蝇引出这些蚂蚁来，然后一网打尽。于是我仔细寻找着蚂蚁的行踪。我发现我家院子的墙角上有个蚂蚁窝。正巧，这时一只蚂蚁慌慌张张跑着，我忙把死蝇放在它前头，它倒吓坏了，掉头就跑。我又拿了死蝇放在它前面，这回稍稍放远了点，可是，这蚂蚁像识破了我的计谋一样，又望而却步，折回去了。我火了，便一脚把它踩死，另寻别的去了。可它们仿佛商量过一样，都不上钩。我想，也许拿些油来，便可引出它们。于是我就弄了一点油，涂在死蝇上，等着蚂蚁的到来。这回来了四只，渐渐爬近了，起先倒还有点趑趄不前的样子，后来较小的一只竟爬到蝇身上了。大概是检验一下是否新鲜，其余的三只离得远远的，像是欲近不敢、欲舍不忍的样子。后来看到那小的跑来，同一只顶了顶头，或者是窃窃私语吧，其余的三只也立即上前，一起拖起死蝇来。我高兴极了，忙又弄了十来只死蝇丢在地上。这下可好了。蚂蚁几乎倾巢而出，连那些又黑又壮的大头目也都亲自来拖。我想，它们得意之日，也正是灭亡之时。我很快拿来一丝破布，扎在木条上，蘸上煤油，再泼上一些水，使它不能一下子烧完，然后在蚂蚁通道的周围浇上水，形成一个包围圈，使它们只能沿着留下的隙地跑。接着再用圆珠笔管子吸一些热水喷进它们巢里，没让它们上热锅，也要让它们尝尝热汤的滋味。于是又有许多蚂蚁都奔命似的跑出来，渐渐地似乎跑光了。整个“军团”就落在我的包围圈之中。

我仿佛是站在战场上，立即燃起破布，从它们的家门烧起，蚂蚁顿时乱作一团。那些烧着的便发出“啪啪”的响声。这对蚂蚁是极其可怕的，进是火，退是水，真是进退维谷。它们是虫豸，全然不懂得“背水一战”之类的道理。于是我把火伸到它们头上，它们立时仰的仰，翻的翻，尸骸遍地，很少生还。

我站起来，带着胜利的欣喜，俯视着这些害人虫，这些可恶的丑类，发出一声轻蔑的笑——“哼哼!”

［例文 19］

狗獾

上海师大附中初二　周　杰

暑假中的一天傍晚，我心血来潮，到小树林里去散步。我正心情舒畅地欣赏着似火的晚霞，忽然发现树林中有两三个黑影在晃动，我顿时激动起来："这不像猫，也许是狐？我要捉一只！"——要知道，我对动物特别感兴趣。于是，我悄悄地钻进树林，轻轻地接近它们。这时，我恨不得停止呼吸，免得惊动这群还是个问号的动物。

终于，我接近它们了，啊，这是一群小狗獾——外形像狐，但胖得多，尾巴较短，叫声像老鼠，没错，是狗獾！这群上海很少见的动物在树林里、草丛间蹦跳着，那样子又像兔子。

我蹲下身，拔了根草，抖动着，学着它们的叫声。好一会儿，才有两只小狗獾接近我了，它们似乎不怕我，在我面前一步远的地方稳稳地坐下了，有一只居然还探头啃我手中的草呢。我试着慢慢举起了手，谁知它们以我根本料不到的神速逃之夭夭了——它们是一种很警觉的动物。可惜天色已晚，我再也没有看清它们的行踪。

第二天傍晚，我又到那片树林中等候。不一会儿，它们就从一个盘根错节的树洞中一个接一个尖声叫着蹦出来了。这一群狗獾一共有八只，七只小的，一只大的。我忙又举起草摇晃起来，这回，有两只小狗獾竟然在我脚前趴下了，还不时地互相打闹。这时，只要我手一按，可能有希望捉住一只，然而我猛地发现大狗獾在不远处虎视眈眈地盯着我。我知道护崽的老兽最凶猛，更何况它有一条强壮的大狗那么大，可不能惹它。不过这次，我可仔仔细细地观察它们了。小狗獾只有两三个月的小猫那么大，尖尖的嘴，又短又圆的耳朵，两颊的毛挺长，眼睛周围有一片黑毛，它全身褐色，四肢毛色接近黑色……这时，老狗獾叫了一声，小狗獾立刻跟着它，消失在树林里。这种动物，如能捉到一只观察观察倒是一件趣事。但我用尽了一切办法——网捉、围捕、引诱，最后还是让它们一次又一次地逃脱了。

几个星期过去了，我仍一无所获。这天，我和弟弟去踢足球。嘿，也许是因天黑了，一只小狗獾自投罗网，撞进了足球网里，真可谓"踏破铁鞋无觅处，得来全不费工夫"。这只小狗獾已有一只大猫那么大了，它似乎很沮丧，嘴边滴着血。于是，我轻而易举地捉住了它。

我高兴地带着它回家，把它拴在房前的一棵八仙花下。白天，它在树根边刨个坑，任凭蚂蚁在身上东爬西咬，偶尔舔些水喝，看上去像得了大病。但到了晚上，它可就活跃起来了，东窜西跑，树根被刨了，丝瓜被拉了。它一会儿吃着蟾蜍，一会儿又啃啃西瓜皮。显而易见，它是一种杂食动物，并且有着夜间活动的习性。

过了几天，它好像对周围的一切开始适应了，我给它喂食时，它还会对我表示亲近呢。能不能把狗獾这样的野生动物驯养得像家狗那样对人忠实呢？看来，要想得出结论还必须去亲自试一试。大自然真是丰富多彩，我要探索你，奥妙无穷的大自然！

[评析]

谁没有和小动物、小昆虫做过游戏呢？捉蝈蝈、斗蟋蟀、粘知了……有时候和它相伴玩耍，也有时以捉弄它们为乐。习作17～19三篇文章就写的是这种童趣。这三篇习作的成功之处就在于写出了这个“趣”。

《捅马蜂窝》的作者俨然是个指挥官，是这场人、蜂之战的指挥官。孩子们只看过战斗故事，可没有打过仗呀，捅马蜂窝一举，让他们尝到了打仗的滋味，马蜂是假设的敌人，可也是“真”的“敌人”，它们会反扑、能攻击，指挥这一场战斗还真是艰难不易。最后三位“英雄”都受了“伤”，但这点疼痛早被这次实战的紧张、兴奋、欢乐给冲得无影无踪了。

写捅马蜂窝的一段特别注意选用恰当的表示动作的词语，用“戳、挑”写怎样捅的；用“扣、蜷”写怎样躲的；用“扑打、夺路、甩”写战后逃命。把这场战斗写得很生动活泼。

《灭蚁》的作者看到小蚂蚁常来糟害人，为解心头之恨，想办法灭蚁。文章把灭蚁的过程写得细致、清楚。行文简洁而有变化，是本文一大特点，选词择句很注意准确状物和表情达意。如：同是写蚂蚁对作者下的诱饵迟迟不敢上钩，作者却用了“望而却步、趑趄不前、窃窃私语”等成语来形容；写蚂蚁“军团”溃不成军时写道：“这对蚂蚁是极其可怕的，进是火，退是水，真是进退维谷。它们是虫豸，全然不懂得‘背水一战’之类的道理。”两句话又用了两个成语。作者恰当地运用这些成语活画出小小蚂蚁的动态，甚至“心理”。

《狗獾》中，作者与狗獾之间相互猜测试探的部分写得很妙。第一次看清了狗獾的样子，听到了狗獾的叫声，虽说小狗獾已经在啃“我”

手中的草了，还是因其警觉性太高而逃之夭夭了；第二个回合，小狗獾竟在“我”的脚前趴下，但终因大狗獾的虎视眈眈而使“我”不敢动手；随后是用尽了各种办法，终未捉到一只。最后，狗獾竟自投罗网，“我”居然将它带回家去养起来了。读者也要为“我”叫好了。

你捉过什么小昆虫？和哪些小动物一起游戏过？这三篇习作激发了你的写作欲望了吗？不想也写写你的欢乐？我想你会写得和三位作者一样好。

[例文20]

“小对眼儿”当代表

北京景山学校七年级　汤　晔

我住在山间的小溪里。那儿山清水秀，又清又凉的溪水哗哗流着，两岸有花有草，还有又高又大的绿树。我的家就在小溪里的石块下面。

我只有一颗小香瓜子儿那么大，尖尖的，身体呈棕色。最有特色的，要算我的两只眼睛啦——又小又圆，彼此离得很近，所以同伴们都管我叫“小对眼儿”。

一天，我、哥哥、弟弟三个玩捉迷藏的游戏，忽然发现一只剥了皮的蛤蟆和一块猪肝。多好的一顿午餐啊！我们三个有的爱吃蛤蟆，有的爱吃猪肝，于是各取所需，分别进餐。正吃得高兴，人！蛤蟆和猪肝被一群小孩捞起来，哥哥和我连同蛤蟆被放进一只小桶里。哦，原来美餐是诱饵，我连忙寻找小弟弟，只见有个小男孩捏着猪肝，用毛笔在上面东刷西刷的，又探进小水瓶里涮涮，我的小弟弟就这样给涮进小水瓶。那个男孩像生怕宝贝丢了似的，紧紧攥着瓶子。我急了，大声喊：“别攥瓶子！你的手温度太高，小弟弟会死的！”可他听不懂我的话，仍旧攥着瓶子蹦蹦跳跳。水桶也被人提走了。一路上，我都在为小弟弟的性命担心。猛然，听到那个小男孩一声惊叫：“哎呀！我的蜗虫怎么没了？”我不晓得“蜗虫”是什么，但我知道小弟弟已不在世了。他准是在“高温”下解体，化成了一团鼻涕样的东西。唉，我真伤心！

后来，孩子们把我和哥哥栖身的水桶带上了一辆汽车。车子颠簸着，就像摇篮，我睡着了。

不知过了多久，我醒了，发现自己躺在一个瓶子里，瓶外还贴着标签，不知写着什么。忽然从旁边的瓶子里传来喊声：“嗨！你好，小对眼儿！”我定睛一看，大叫起来：“是你？多手鬼，你那个瓶子外头怎么写着‘水螅’呀？”“哈哈，小对眼儿，我的学名叫‘水螅’，你的学名叫‘蜗虫’，咱们是被捉来做实验的。”

“这是什么地方？”“实验室。学生要利用咱们学习生物知识，掌握进化规律。你瞧，咱们住的瓶子，排队的顺序多有意思呀！我前面是草履虫老弟，后面是你，你的后面还有蛔虫姐姐，再后面是蚯蚓大哥……”“为什么这样排？”“因为我比草履虫高级，而你又比我高级……”

正在这时，有人走过来，用一根小细棍触到了多手鬼。他赶忙缩成一团，过了一会儿才恢复原状。我说：“胆小鬼！”他用略带埋怨的口气解释说：“谁让你是梯状神经，我是网状神经呢？我躲避敌害，不能像你那么准确灵活，不管我身上哪里受到刺激，只能用缩成一团的办法来应付。你的神经系统比我完善，可也别笑话我呀！”

我自知理亏，没有再多说什么。多手鬼忽然大惊失色，对我喊：“快看！他们在杀你的哥哥！”我一看，学生们正用刀片把我的哥哥拦腰切成两段。我笑了起来。多手鬼气坏了：“你，你怎么还笑？”我笑着向他解释：“我们有非常强的再生本领。在遥远的苏联，我的曾曾曾曾祖父被一个科学家切成二百七十多块，后来每一块又长成一个完整的曾曾曾曾祖父，这样，我就又有了二百七十多个曾曾曾曾祖父了。你明白了吧？不久，我就会有两个哥哥了，还不许笑？”多手鬼半信半疑地点点头说：“原来你们这么有本事。怪不得科学家带二十多种动物去航天，其中就有你的同类呢！”“真的？”我高兴地叫起来，“他们一定是想研究我们再生的奥秘！”

后来，有许多学生来观察我，品头论足，说我的形状像柳叶，把我的大耳朵叫“耳突”，还说我是动物中的“死不了”，耐饥饿。为了证明这话，他们竟然活活饿了我一个月！他们有时还用细小竹棍赶着我“跑”，看我怎样游泳和爬行，真累坏我了。不过，我也获得了荣誉——生物老师经常称我为扁形动物的代表呢！

以后，如果有机会能见到小溪里的伙伴，我要告诉他们：别再叫我“小对眼儿”了，我的学名叫“蜗虫”，是堂堂的扁形动物的代表！

[例文21]

啄木鸟自述

福州一中初二　张晓宇

我是啄木鸟，生活在树林中，人称“树木医生”。我有锐利得像把凿子的嘴，它有个漂亮的名字叫“喙”；我的脚有四只脚趾，二三两趾向前，一四两趾向后，便于抓住树干；我有刚硬的尾羽，啄木时用它撑着树干，像坐在椅子上似的，舒适极了。我每天能啄木五六百次，但一点也不头晕，因为我的头部有强大的肌肉组织，头骨由致密的骨密质和疏松的骨松质组成，既能防震，又能保护头脑。我的舌头很长，而且生有倒钩，能伸出嘴外，便于钩虫吃。啄洞是我觅食不可缺少的手段，也是我独具的特长。

我爱在深山老林中安家，因为庞大的树冠舒适幽静，粗壮的树干可以成为阔敞的住房。我们常为争夺建房的场所而殴斗，斗败的只好迁徙他处。我一年四季都住在同一个地方，不受干扰是不轻易搬家的。因此人们把我叫做“留鸟”。我和树木情同手足，谁也离不开谁：树木使我有栖身之地；我常帮大树、小树们治病。我的食物主要是杨树、柳树、槐树内的天牛幼虫，这种幼虫躲在树干内部，狡猾得很，鸟家族的其他成员，对它们束手无策，而我却是捉拿它们的能手。

一天，我见到我的一位好友——杨树，面黄肌瘦，身上有许多创口，有的正流着木屑、黄水，眼看自己好友在受折磨，我怎能不拔刀相助？我先用嘴在树干上敲，像医生给病人诊断一样，我一听到声音有虚有实，便知道天牛幼虫又在捣鬼，于是就在虫道上方啄个孔，然后用舌上的倒钩钩出洞内的虫。经过一番诊治，树的病根除掉了。不久，它的伤口愈合，又变得挺拔健壮起来。

每年五月，是我繁衍后代的季节，这时我四处寻找自己的伴侣，然后交配产卵。在正常情况下，每天产一粒卵，一窝要三至五粒才够孵化。孵卵由我们夫妇俩轮流承担，每天交换十多次。十天后，孩子们破壳而出，我们别提多高兴了！他们像一个个肉蛋蛋，全身光秃秃的，纤弱得连头都抬不起来。又过了十天，他们身上长出绒毛，第一次睁开了眼睛。这时正是他们生长发育的旺盛时期，食量很大。我们做父母的便不辞劳苦，每天外出觅食，往返近百次给他们喂食。二十天后，孩子们便能攀援洞壁到洞口接食，但外面稍有动静便缩回头去。在这期间，我们夫妇每天喂食九十多次，最高一天达一百三十次。喂的食物以天牛幼虫居多，其次是蛾类或其他林木害虫。

一个月后，孩子们的羽毛丰满了，原来的家容不下了，他们便飞到外面，攀在树上，抖动着翅膀，学习飞翔和啄木本领。五十天后，他们告别我们，开始独立生活。

我们为树木治病是名不虚传的，不信请看山东省平邑县浚河林场的可靠数字。我们没在那儿安家时，那里每百株树有八十只天牛幼虫；我们居住一年后，每百株树有两至三只；三年后，每百株只有零点八只。因此，只要是有我们居住的森林，天牛幼虫几乎是无法生存的。

秋天来了，我们正在为准备越冬的食物而忙碌。明年，当冰雪消融，大地复苏之时，我们将重新活跃在森林之中。

[评析]

孩子们喜欢动物，他们也从科学的角度去了解动物，观察、看书，生物课上向老师学习，了解的情况还真不少呢！用童话的方式来讲述这些知识，也是他们喜欢用的一种形式，因为他们也爱童话，小动物们就是童话世界的主人公。

《“小对眼儿”当代表》和《啄木鸟自述》两篇文章中介绍了很丰富的知识，很有科学性。小蜗虫、啄木鸟的身体构造、生活习性、生物特征，甚至人们在它们身上进行过的实验、调查都作了说明。

但这种说明又不是平直的，而是编进了故事里，把小动物人格化了。孩子们像写自己的朋友一样，介绍了它们。

《“小对眼儿”当代表》中，设计了蜗虫三兄弟，弟弟的遭遇说明蜗虫怕“高温”，哥哥被切成两段还能活说明蜗虫的再生力，“我”被人们饿了一个月，证明了蜗虫是动物界的“死不了”。苏联科学家做过的实验，被编成了发生在“小对眼儿”的曾曾曾曾祖父身上的故事。作者还借水螅来与蜗虫对话，介绍了蜗虫的神经系统，在生物进化中的位置。本文曾参加联合国教科文组织举办的“科学技术为人民”以录音的方式寄送活动并获好评，作者用英语朗读这篇文章，制成的录音带，在会上作了发言，受到国内外小朋友和专家人士的欢迎和好评，称赞汤晔写得活泼，严肃的科学知识见诸这样生动的形式，是一篇好的科学童话、科普作品。

《啄木鸟的自述》用的是自我介绍的方式，讲自己的习性，以杨树为例，讲如何为树木治病，还举出了科学调查的数据，说明啄木鸟的益处。

写这样的文章要注意科学性，不能有科学性错误；故事要编得自然、合理、可信。

［例文22］

我看见细胞了

浙江鄞县中学初一　袁力勇

上午植物课，老师宣布：上实验室做实验。一听做实验，我的心儿乎要蹦出来了。早就听妈妈说过，从显微镜里可以看到许多肉眼所看不到的东西，那是一个多么神奇的世界呀，现在，那个神奇的世界就要在我眼前呈现了，怎不叫人高兴呢！

来到实验室，首先跃入眼帘的是一台台发光的显微镜。它们仿佛是一个个为科学服务的光荣战士，正恭敬地弯着腰，站在桌上等我们去研究细胞哩。我们立刻飞快地跑到规定的座位上。前一课，老师已经给我们讲了关于怎样使用显微镜的方法。一坐下，我们迫不及待地一会儿扭准粗焦螺旋，把镜头抬得高高的；一会儿对光线。只听老师说："同学们不要性急，先听我讲怎样做实验。"于是，老师详细地讲了做实验的方法。我一边认真地听，一边快速地把观察洋葱表皮细胞构造的准备工作做好了。

观察开始，我把准备好的实验器具放在显微镜的载物台上，把低倍镜对准通光孔，对好光线，心想：细胞究竟怎样呢？我激动地把左眼凑近目镜一看，什么也没有，只有一个亮点，不由有些失望。

"一定是光线还没有对好。"我心里琢磨着，一个劲儿地把反光镜前后左右地扭，急得我满头大汗，可仍然看不见细胞。

这时，老师走了过来，和蔼地说："不要把反光镜扭得这么快。"

听了老师的话，我似乎悟出了什么，慢慢地扭着反光镜，啊，看到了。心里不由得一阵惊喜，里面有许多挺有趣的长方形格子，小格子里面有个小黑点，还有几个像吹足了气的透明大气泡。它们都是绿色的，好像一朵朵绿叶，中间还有一个五角星似的东西。真叫人感到神奇！

我试着让物镜上升，里面出现了意想不到的各种各样的变化。一条条五颜六色的水波线，整齐美观，好像画家精心画出来的。"啊，我看见细胞了，我看见细胞了，它们真美！"我忍不住叫出声来。真没想到，这么小的细胞在显微镜下竟显得如此复杂。这时，耳边又传来了老师清楚的话音："小格子里是细胞。小格子中央有一个黑点，便是细胞核。周围五颜六色的东西是细胞质和一些透明的液泡。那些颜色是为了观察方便，人工染成的。细胞太小了，靠人们的肉眼根本看不见，只有在显微镜下放大后，才能看清楚它们的真面貌。"

啊，显微镜里是一个多么神奇的世界。下课后，同学们议论纷纷，我却静静地想：长大了，我要成为一个生物研究专家，在显微镜下研究各种各样神奇的动植物细胞，在微观世界里尽情地遨游，探索这个神奇世界的奥妙，使之造福于整个人类……

[评析]

《我看见细胞了》，题目本身就是一个感叹句，传达了作者的欣喜之情。自然界的种种奥秘常常令青少年神往。

袁力勇上中学了，他有机会看到细胞了，这是与小昆虫做游戏时看不到的，人与自然的关系又近了一层，人，更多地了解了自然。文中描写显微镜下细胞的部分十分详尽，又有层次，先写自己看到的细胞的样子，用了比喻的方法："有趣的长方形格子，小格子里面有个小黑点，还有几个像吹足了气的透明大气泡。"接着写细胞在显微镜下奇妙的变化，最后以老师的讲解作结论，讲得正确、科学。

一次生物课，一个个小小的细胞，竟使小作者决心要成为一个生物研究专家。你别笑，也许将来会成为事实。

[例文23]

猫的胡须

华东师大二附中初一　许鸿英

我家过去养着一只小花猫。那小花猫长得胖乎乎的，非常可爱，圆圆的眼睛，雪白的细毛上嵌着几束黑毛，看上去柔软发亮，尤其是那双眼睛里，流露出一种驯顺的神色。我对它喜欢得不得了，有什么好吃的都是留给它吃。

每天吃饭的时候，小花猫总是蹲在我的脚边，朝着我"喵喵"地叫着。我拿几块骨头扔给它，它就蹲在那里，一声不吭地吃了起来。小花猫有一个优点，就是它看见别人在吃东西时，只“喵喵”地叫，如果人家不给它吃，它就悄悄地跑了，不像有的猫常常偷吃别人或家里的东西。这当然也是我教育它的结果。

小花猫还常常替我做事。我做作业时，橡皮掉到了桌下，它就用两只前腿夹着，送到我手里。有时，我为了什么事哭了，小花猫就蹲在我脚边，“喵喵”地叫着，仿佛在劝我不要难过，有时它还会用脚爪来抓抓我的手，直到我破涕为笑。

小花猫的样子长得很可爱，可就是它嘴角边的胡须，我看着不太顺眼。一天晚上，我把它抱在怀里，轻轻地对它说：“小花猫呀，小花猫，你年岁不大，为什么就有了胡须？我们人要到年纪大了才会有的。你这几根胡须多难看呀！”我一边说一边用手轻轻地抚摸着它那柔软光洁的细毛，拨弄着它的胡须。我一定要去掉小花猫的胡子，我拿起了一把剪刀，把小花猫的胡子剪了。我拍着小花猫的头，对它说：“你没有胡子多好看呀！”小花猫看了看被剪下的胡须，“喵喵”地叫了两声，挣脱了我的手跑了。

我拿出作业本做起作业来……忽然，小花猫的几声怪叫从厨房里传来。我赶紧放下作业，心里想，小花猫从来没有这么怪叫过，怕是发生了什么事。我赶紧跑到厨房，只见小花猫被夹在桌脚和墙壁之间的缝里。我马上跑过去把小花猫抱了出来。爷爷知道了我剪猫的胡须的事，便对我说：“猫的胡须的长度和它身体的宽度是一样的，它钻洞时总是用胡须的触觉来测量洞口的宽度。你把它的胡须剪了，它也就失掉测量的尺子，所以就被夹在这缝里了。”听了爷爷的一番话，我恍然大悟，很懊悔剪了它的胡须。我担心地问爷爷：“它的胡须还会长出来吗？”爷爷回答说：“过几天就会长出来的。”这时，我觉得自己很对不起小花猫，一把就把它抱在怀里，抚摸着它的嘴角。它“喵喵”地叫着，好像在安慰我不要难过。

过了几天，小花猫的胡须长了出来，还是和以前一样，长长的，亮亮的。我看着它的胡须，觉得并不那么难看了，它的胡须又有用，又美丽。小花猫仿佛看透了我的心思，它朝我翘翘胡子，仿佛在对我微笑……

[评析]

《猫的胡须》一文写得很有趣，许鸿英的小花猫是她的朋友，又让她懂得了点生物构造的奇特。文章既抓住了猫的特征，又说明了一定的科学道理。可以说是一篇文艺性科学小品。

前三段写“我”照顾猫，猫也常常替“我”做事，赋予猫以人的感情。由于爱猫，第五段才发生为它剪了胡子的事。本是好意没料到竟给猫带来了不便，第六段通过爷爷的介绍了解了猫胡子的功能。结尾写小猫的胡子又长出来了。全文以“我”和猫的友谊贯串始终，中间讲述科学道理，处理得很自然。

[例文 24]

揭开青蛙捕虫的秘密

北京师院附中初二　田立峰

“稻花香里说丰年，听取蛙声一片。”稻田里、池塘边，处处都有青蛙在欢快地蹦跳。很多人都见过青蛙敏捷地捕捉各种田间害虫的英姿。蝗虫、中华蚱蜢、螟蛾、棉铃虫等形形色色的跳将、飞将，只要它们一露头，青蛙就会立刻逮住它们。

青蛙为什么能那样迅速、敏捷地捕虫呢？下面让我们来揭开这个秘密。

将青蛙仰放在蜡盘上，用手掰开它口部的上下颌，可以发现它的舌头很特殊，不像常见的哺乳动物那样舌根生在咽部，而是生在口腔底部的前端，舌尖反而伸向口腔里面。用镊子将舌头夹出来，可以看到舌很长很宽，舌尖分叉，并且较薄；用手摸一摸，舌尖布满了黏液。

青蛙捉虫的秘密就在这舌上。害虫大都“身怀绝技”，有的善跳、有的善飞，还有善钻、善挖……它们不会自己送到青蛙嘴边，也不会坐以待毙的。因此，青蛙捕虫就必须迅速而准确，不然，蝗虫一类的就会跳开，螟蛾一类的又会飞走。青蛙捕虫要尽量不惊动它们，在距它们远一些的地方“干掉”它们。青蛙的舌就圆满地解决了这个问题。捕虫时，青蛙猛然跳起，舌突然翻出口外，形似流星，疾如闪电，出其不意地将害虫粘在黏液上。未等猎物反应过来，青蛙舌尖迅速翻回口腔，把牺牲者送入阔而大的口中。口腔上方遍布的细小的齿，可有效地防止猎物溜掉。咽部蠕动，食物下送，它又虎视眈眈地盯着别处了。送食完毕不过几秒钟，令人惊叹不已。

搞清了口部复杂结构的功用，再让我们了解一下“身手不凡”的后肢，是什么力量使它能飞快跃起呢？观察后肢的外部形态，可以看到后肢十分粗大。用剪刀剪开肢部皮肤，剥下后能看到长长的后肢骨上附着一块块丰满、发达的肌肉。就是这肌肉的收缩或舒展使青蛙具有很强的跳跃能力。

在青蛙捕虫的过程中，完善的神经系统也起了很大作用。青蛙感觉灵敏，突出的大眼睛使它的视野开阔，便于发现害虫；复杂的视神经系统与大脑能在看到害虫后零点二秒内，判断出害虫运动速度、方向、角度等等，紧接着将“出击”命令通过遍布全身的神经系统传至各有关器官，不失时机地捕获。

总之，青蛙捕虫是个各器官、系统紧密配合、共同协作的过程。

科学的统计表明，一只田间的青蛙一年从春季至秋季大约可消灭一万多只害虫，这是一个多么可观的数字。危害青蛙，以蛙为食的人，该是翻然醒悟的时候了。为了农业的丰收，环境的清洁，为了人们的幸福，让我们每一个人都担负起保护青蛙的责任！

[评析]

《揭开青蛙捕虫的秘密》是一篇写得比较好的说明文。中学生物课上的实验为学生了解自然的奥秘提供了多好的天地啊。

这篇文章学习课堂上学过的说明文范文的写法，开头先用文学笔调对青蛙作了描写，集中写它能捕害虫的本领。然后用一设问句引出下面的说明。

说明青蛙捕虫的秘密是有层次的，按捕虫中各个器官的功能作用安排，并分清主次，一一写来。先写舌头的构造，再写后肢的外形和内部构造，最后提到青蛙完善的神经系统在捕虫中起的作用。条理井然，说明非常清楚。

题目有“揭开”二字，文中不断从实验过程写，如：“用剪刀剪开肢部皮肤，剥下后……”作者似乎在演示给读者看，加强了直观性。写青蛙捕虫的迅捷，除写本身功能外，还写到青蛙扑食对象——昆虫，“身怀绝技”。青蛙的本领是长期以来对外界条件不断适应的结果，作者很有点唯物主义意识。

虽是说明文，但语言还是讲究的，比如文中用了许多成语：“身怀绝技”、“坐以待毙”、“出其不意”、“虎视眈眈”等，而且用得恰到好处。

文章结尾处用数字来证明青蛙的功劳，呼吁人们保护青蛙，增加了文章的实用性。

［例文 25］

蟋　蟀

北大附中高一　国以群

蟋蟀在北方俗称“蛐蛐儿”，常生活在野草地、农田、瓦砾堆、篱笆根或墙缝中，在夏天出现，到秋天死去（也有极少数能越冬）。蛐蛐儿包括的种类很多。“蛐蛐儿”既是这些品种的总称，又是一种最常见的、生来好斗的雄性蟋蟀的名称。这种蛐蛐儿是大家比较熟悉的。蟋蟀“雄性善鸣，好斗……因在地下活动，啮食植物的茎、种实和根部，都是农业害虫（《辞海》语）”。

蛐蛐儿的身体一般长约1.5厘米，大致分头、颈、躯干、足、尾几部分。

蛐蛐儿的头从前面看呈三角形，上部长着两根细长而柔软的触须，比一般人的头发略细，直径约0.05厘米，长是身子的3倍左右，摆动灵活。头的下部长有一对大牙，多为深黄色或紫黑色，斗时用牙互相咬；牙旁各有一个黄白色的小“栓儿”。颈部为筒状，连接头部和躯干。躯干前面小，中部大，后部又稍尖，有一条条的黑纹。在颈与躯干的连接处，向后生出一对黑色发亮的翅膀。一般不能飞行，越“年轻”的蛐蛐儿翅膀的颜色越浅。细看，翅膀表面为网状格，网格大多为平行四边形和菱形。这一层较为坚硬的翅膀下还有一层半透明的薄翅。翅膀摩擦能发出响亮的声音。躯干下面有三对足，用来支撑身体。前两对较小，用于爬行；后一对粗大，俗称“大夯”，表面有黑色条纹或斑点，用于跳跃，跳跃一下约1米远。躯干后部的稍尖处向侧后方长出两根尖状的尾儿，约为身长的三分之二，感觉后方动静；死时两尾儿并在一起。

蛐蛐儿好斗，二者相遇必分个胜负才肯罢休。相遇时二者触须来回扫动，若一碰上，便冲上前去“厮杀”起来。有时为了鼓舞自己的“斗志”和压住对方的“威风”，在斗前会大声鸣叫。“战斗”中双方张开大牙对咬，并用足支撑身体抬高向前顶。一般力大且牙张得大者获胜，“机智灵活”者也可获胜。胜利后，“引吭高歌”，以示“威风”。有时一场战斗结束后败者会被咬伤甚至致死。

正因为蛐蛐儿好斗，它们就成了孩子们的娱乐品。为躲避孩子们的捕捉，它们也有一套办法。它们善鸣，不论白天黑夜，尤其是阴天更爱鸣叫，易被人发现，因此，它们的洞常有两三个洞口。它们在野草地中的洞向下，一般利用蝉的幼虫抛弃下的洞穴做成，有时还把距离较近的几个洞沟通；它们在篱笆根下的洞一般横向发展。

蛐蛐儿是农业害虫。如果要开展消灭蛐蛐儿的活动，孩子们说不定要反对。其实，像这样一点一点地捕捉，也可以使它们的数量不至于过多，不至于对农业造成大面积危害。

[例文 26]

荷　花

山东平度一中高一　刘亿群

荷花又名莲花、芙蓉、芙蕖，别称“菡萏”，是百花中名称最多的花之一。

荷花的品种也不少，据老师介绍，有千叶荷、四面荷、并头荷、重台荷，还有奇特的四季荷和夜舒荷。夜舒荷就是其叶子入夜舒展，白天反而卷合。

荷花的用途极广，主要是食用、药用和观赏。莲蓬子含淀粉很多，营养丰富，清香可口。剥开莲蓬，一粒粒莲子就像翡翠玉卵，剥去外皮和一层薄膜，里面就是雪白的莲子仁。我最爱吃它，所以一到莲子八成熟时，我就钻进荷花湾，躲在荷叶下，大饱口福，乐不可支。

荷藕是一种高级蔬菜，含 20% 的碳水化合物、各种维生素和矿物盐，既可当水果生吃，也可烹饪成佳肴熟吃。如果制成蜜饯或藕粉，更是别有风味。不过我小时候专爱吃生藕，脆生生的，甜丝丝的，妙不可言。

荷花还是一种很有价值的中药。我的老中医爷爷告诉我：荷叶能清暑解热，莲梗能通气宽胸，莲瓣能治暑热烦渴，莲子能健脾止泻，莲心能清火安神，莲房能消淤止血，藕节还有解酒毒的功效，自叶至茎，自花至实，无一不可入药。它把自己的一切毫无保留地全部贡献给了人类。

荷花更是绿化、美化、净化我们环境的贵重之花。远望，“接天莲叶无穷碧，映日荷花别样红。”近看，荷叶点缀着绿波，有风作飘摇之态，无风呈袅娜之姿。雨过天晴，珠玉滚动，娇姿欲滴，更有风致，缕缕清香，似琴可闻。花谢莲出，如一只绿色小碗，似一朵未开之花，亭亭独立，洗人耳目。

“出淤泥而不染，濯清涟而不妖。”这是周敦颐在《爱莲说》中对荷花君子品格的盛赞，也是荷花崇高中之最崇高者。

荷花用途之广，品格之高，是百花不可比拟的。让我们来仰慕荷花，大力养殖荷花吧！

[例文 27]

花实俱佳的名果——石榴

北京师院附中高一　肖　芸

“开从百花后，占断群芳色。更作琴轸房，轻盈琐窗侧。”正如宋代诗人晏殊在《石榴》中所写，五月的傍晚，漫步于石榴树间，仿佛步入了翡翠和红宝石的世界。两旁石榴花开得正旺，仿佛就要喷出火来。一阵轻风吹来，石榴花簌簌地抖动，促成一片花的海、红的潮。与那西天的红霞连成一片。你眼里哪还充得下别的颜色？你会觉得，自己已融进了这红的雾，变成了一片红云，随着那红的风，就要飘举了！你如何能不陶醉于这石榴花，赞美这石榴树呢？

石榴为落叶灌木，属石榴科。原产于中亚，汉代张骞出使西域时传入我国内地，至今已有两千多年的历史了。

我国石榴有上百个品种，分为花石榴和果石榴两大系统。果石榴以临潼的“大红甜”、“净皮甜”和“三白甜”为好。到过临潼的人，都以亲尝临潼石榴为一大乐事。而临潼的酸石榴“鲁峪蛋”也同样名驰遐迩。花石榴的著名品种有：“白花单瓣”、“黄花千瓣”、“红玛瑙重瓣”和“洒金”等等。可见，石榴花还不只是红的呢！

石榴叶为对生或簇生，呈长椭圆或者长倒卵形。花有五至八片的花瓣和许多雄蕊。花石榴开花重瓣，花蕊不育，不结果。而果石榴开花则多为单瓣，雌雄同株，容易结果。花瓣下面是橙色的坚硬的萼片。艳红的花瓣轻轻抚弄着娇黄的花蕊，甚是妩媚。不知哪位高人也感叹石榴花的美丽，写下了“红艳满林染月夜，晚风轻送暗香来”的动人诗句。

花期过后，花瓣自谢，只留下金钟一般的萼片和膨大的子房。这时，石榴花开始育种了。

石榴的果实为圆形，顶端隆起果嘴，果皮通常为橙色或金黄色，也有深红的，质地很坚硬。正如宋代诗人杨万里所写：“深著红蓝染暑裳，琢成纹玳敌秋霜。”果皮下是蜂窝状的果窠，每窠中生一子，形状极像人齿。秋后经霜，果皮绽开，露出颗颗白子，晶莹透亮，宛若张开的笑口。同时又因为石榴腹内种子千颗，被认为是多子多孙的象征，因而成了传统年画上常见的吉祥物。石榴子之间有淡黄的薄膜，更使石榴子显得晶莹透亮。总的来看，整个果实就像一个分外别致的宝盒，盒内嵌着无数美丽的钻石。恰似杨万里所赞：“半含笑里清冰齿，忽绽吟边古锦囊，雾谷作房珠作骨，水晶为粒玉为浆。”

石榴的果实属浆果类。我们吃的所谓“果肉”，事实上是种子外包的外种皮。它酸甜多汁，十分可口。一度用来酿酒。在新疆地区，人们还将石榴榨出汁饮用，称“石榴血”。晋代潘尼《安石榴赋》中写道：“商秋受气，收华敛实，千房同蒂，千子如一。缤纷磊落，垂光耀质，滋味浸液，馨香流溢。”可见石榴的妙处。

石榴含有机酸，维生素C、B，蛋白质，脂肪及钙、磷、钾等矿物。以酸石榴入药，有涩肠止血，收敛、抑菌的效用。根、皮中的石榴碱有驱虫、治肾结石、糖尿病的功能。

石榴的用处很多，自古以来就是水果中的上品，随栽培技术的提高，石榴必将越来越得到人们的重视。韩愈在《题榴花》中所感叹的“可怜此地无车马，颠倒青苔落绛英”的现象再也不会出现了。

[评析]

《蟋蟀》、《荷花》、《花实俱佳的名果——石榴》是三篇说明文。青少年们对动、植物的观察不只观其外形，随着知识、年龄的增长，他们还对动、植物作科学的了解，由表及里，这不能不说是一种提高、一种深化；从作者看也是高年级学生居多。这是中学生笔下的自然世界的又一个领域。这类作文要求有科学性，材料翔实，层次井然有序，语言准确，但又不能呆板枯燥，像教科书。所以这类文的写作有一定难度。

《蟋蟀》一文，作者对物的观察可谓细致极了。内容充实，说明清楚，可以说是言之有物，又言之有序。文章先从人们的感性认识入手，概括介绍蟋蟀的习性，接着详细说明蟋蟀身体各部分的组成、功能、一些习性，最后简单介绍蟋蟀的洞穴及躲避人们捕捉的方法，照应开头，又让蟋蟀回到人们的生活中来，而又不是简单地重复开头，人们已对蟋蟀有了理性的认识。

荷花是人们常见的，也没有蟋蟀那么复杂，但人们观赏荷花多，了解它的功用少，于是，《荷花》一文则重点说明荷的食用价值、药用价值，也结合古诗文说明荷的美学价值。

《花实俱佳的名果——石榴》对石榴作了较详细的介绍，采用了由表及里、先主后次的顺序，有条不紊地作了介绍。

这三篇虽是说明文，但作者都讲究语言的准确性和生动性，在说明文中既照顾科学性，又渗透文学趣味，是不容易的。《蟋蟀》一文引用《辞海》中的词条，还采用了数字说明的方法，体现了科学、准确。《荷花》和《花实俱佳的名果——石榴》二文，大量引用古代诗文中的名句，融说明于古人诗文的意境之中，平添声色，增强感染力和可读性。

[例文28]

梅花鹿

东北师大附中高三　林伟明

梅花鹿，主要生活在我国东北的长白山和俄罗斯远东一带有草原的混交林中，以盛产名贵的鹿茸闻名于世，是一种珍贵而又稀有的经济动物。

梅花鹿体态匀称，性情温驯，机警灵活。一身棕红色的毛皮上整齐点缀着许多明显的白色圆斑，远远望去就像是一朵朵盛开的梅花，因而获得“梅花鹿”的美名。梅花鹿的尾巴很短，四肢细长，因此它便成了奔跑和跳跃的能手。它奔跑的速度，每小时可以超过三十公里，跳跃的跨度长可达十米，高可及两米半多。

梅花鹿喜欢群居，每群从十几头到几十头，由头鹿带领，活动在林间、草原，肥美的水草是它们的主要食物，橡实、松子更是它们难得的美味。每遇虎、狼，它们唯一的自卫手段就是逃跑，跳过高高的障碍物，跨过深深的沟壑，使那些追赶的野兽望洋兴叹；跑跳不及就往往成了那些猛兽利爪下的牺牲品。

雄鹿有一对威武秀美的鹿角，是平时参加角斗的锐利武器，但每到春季四月中旬左右，旧角就自动脱落，重新长出新角。新角质地松脆，还没有骨化，蒙着一层棕黄色天鹅绒状的表皮，表皮里密布着血管，这便是鹿茸。待到八月份，鹿茸骨质硬化，茸皮脱落，鹿角就又变得又尖又硬了。

梅花鹿全身都是宝：鹿角可做催奶剂；鹿肺可治肺结核；鹿心可医心脏病；鹿茸、鹿尾更是高级补品，可以强身健脑，防治神经衰弱，增强人体的各种机能。此外，鹿脯、鹿肾、鹿骨等也都可入药，医治多种疾病，就连鹿粪也是优质肥料。

目前，我国鹿茸的产量，居世界第二位。我国的鹿茸在国际市场上有较高的声誉，每年都可为国家换取大量外汇。

近几十年来，我国已开始对梅花鹿进行人工驯养，并由小群饲养逐渐扩大到专业化的养鹿场，许多养鹿工人和专家正在为我国鹿茸的生产辛勤地工作着。相信在不久的将来，我国养鹿技术一定会提高到一个新水平。我国的鹿将在国际市场上赢得更大的荣誉。

[评析]

这是一篇介绍东北长白山梅花鹿的说明文。文章就梅花鹿分布、美名的由来、形态特征、生活习性、经济价值等方面都作了扼要说明。有描写、有叙述、有介绍，写得主次分明，自然流畅。

写这种文章，除了细心、认真地观察，而状形、绘神之外，还需要掌握大量的有关资料，这是说明文的科学性要求的。小作者曾亲临鹿场反复观察，向鹿场专家进行调查，才写得这样准确、深刻、全面。尤其是梅花鹿的生活习性、经济价值两项，更为突出。

虽是说明文，作者对梅花鹿形态和神色的描写依然生动、逼真，使鹿活灵活现，如在眼前。

当然中学生介绍梅花鹿，尚有不够全面之处，有待进一步钻研。

●训练指南

观察·联想·触景·生情

训练提示

唐代大诗人杜甫曾有这样的诗句："穿花蛱蝶深深见（读"现"），点水蜻蜓款款飞。传语风光共流转，暂时相赏莫相违。"诗中充溢着浓浓的春意，蛱蝶穿花，蜻蜓点水，春光明媚，一个"深深见"，一个"款款飞"，春意盎然，恬静安适。面对着美好自由的境界，诗人寄语风光，请它留下，与诗人共赏美色，哪怕只是暂时的也别违背了这点心愿。人们常说的"触景生情"是不是就是这诗句中写的意思呢？

比起单纯状物绘形来，触景而能生情应该就是认识的提高，审美能力的提高。对客观景物的描写与作者主观的感受合为一体，美景与真情交融，从审美的角度看，是自然世界的主观化，是审美意识增强了的一种表现。

人们欣赏自然是一回事，自然走到人们生活中，进入人们的心灵之中又是一回事。种花、养猫和去植物园、动物园去观察大不一样，养花的看花长，喂猫的伴猫生，对它们的感情再不是看看可以比得了的。看到春草，能有感于生命力的旺盛，吹着秋风心中充满了丰收的激情，望月会思念亲人，听雨能听出音乐的旋律，有时甚至某一景与回忆相连，引起思乡之情……写出外界的自然景物怎样勾起心中的种种感情，这是中学生写自然世界的第二个高度，这就需要学会联想、抒情。

"触景生情"是就人的认识来说的，把这种情感诉诸文字就是"借景抒情"了。这里就有了"景"和"情"两个方面，带着感情来写景，通过写景来抒发感情，因此，"景"、"情"不能截然分开，文中是情中有景，景中有情。

这类文章一般有三种写法：

一是把写景和抒情相对集中起来写。常见的是先写景后抒情，用文章绝大部分篇幅写景，用一段或几段文字抒情。

二是时而写景，时而抒情，二者自由穿插。当写景时写景，该抒情则抒情。当然，这里要处理好景与情的转换衔接。

三是寓情于景，让感情渗透在写景的文字中，没有单独的抒情的段落，字里行间却处处流动着作者的感情，这种写法具有很强的感染力，自然地引起读者心灵的共鸣。

应该指出，借景抒情的文章中，“景”是血肉，“情”是灵魂，因此，必须处理好“景”与“情”的关系。

“景”是抒情的基础，是引子，必须写充分，但又不能把眼前看到的尽收笔下，“有闻必录”，而是要加以选择，引起感受的那些景是重点，要详写，要突出，为抒情铺垫、蓄势，创造意境，景的情调要与抒情协调一致。如果秋在你心中不是萧瑟凄凉，那么草衰不哀，它是为大地贮存养料；落叶不伤怀，它完成了自己的任务，来年让位给新的一代……月夜思亲人，就要突出月夜的静谧，是思念的好时机，……雪天除了写雪的白，雪的美，还要写写孩子们堆雪人，打雪仗，一片笑声，一片蓬勃的生机……

抒情也不只是几个感叹句，或是“啊”、“呀”之类。抒情的方式也是多样的，有时可以直抒胸臆，快捷明朗，慷慨激昂；有时可以娓娓倾谈，轻松自然，语气平缓，低回不尽，决不强加于人；有时可以融写景、抒情，甚至记叙、说明于一炉，景情并茂，撩人情思。

抒情的方法虽各异，但情真意切才是根本，万变不能离其宗。

这类文章的语句要优美，感情要饱满，但又要质朴、含蓄，以我情动人情。常用联想、想象，写景如画，抒情如诗。文中还可以用引用的修辞手法，借古今文人佳句，为文章壮色、添彩，营造良好的意境。

写这类文章有两点禁忌：

第一最忌情景脱离。往往表现为本无真情实感，为了抒情而抒情，让人觉得空洞、生硬、造作。假如“触景”之后，并未“生情”，不可硬挤、强求，放弃这个内容，另开一条路，自然如此丰富，可供写作的对象岂止一、二。

第二是忌写景、抒情杂乱无章，不斟酌、不琢磨。写景不精心选择，抒情不提炼升华。与中心无关的景，与抒情无关的内容少写或不写；抒情也不是篇幅占得越多越好，而是越精越好。多不一定打动人，精才能深入人心，给人留下难忘的印象。

[例文29]

牵牛花

上海师大附中初一　周昕炜

六七月间，正是百花盛开的季节，校园里，姹紫嫣红，绿叶间开满了各色花儿。就在这令人眼花缭乱的花园中，我偶然发现了一串不惹人注目的小喇叭，那就是牵牛花。它虽然不吸引人，但我觉得有一种特殊的美，于是，入秋之后我便摘了一些花籽，带回家。

第二年春天，我把花籽撒在花盆中，放在阳台上。过了几天，一颗颗种子发了芽。芽儿钻出泥土，刚长出来的叶子像出生不久的婴儿那么嫩，像刚琢磨过的翡翠那么绿，像精心雕刻的碧玉那么润，让人看了心醉。

又过了三四天，芽儿的顶端长出了一根细细的芽儿，像柔嫩可爱的小手臂，渐渐的，这细细的蔓已经攀着旁边的一株花儿，穿行在花茎之中。无论遇到什么障碍，它都努力地攀援着向上生长。

由于功课多，我渐渐地把它淡忘了。几个星期以后，我又想起了它。当走到阳台，我惊愕了：昔日的小小牵牛花蔓，如今已爬满了旁边一株花的枝头，绿色是那样的繁茂，那样生机勃勃。它们互相簇拥着，紧挨着，微风轻轻拂过，叶子就像一群群的蝴蝶扑打着翅膀，漾起一阵阵的波纹，煞是好看。

到了七月份，牵牛花每天清晨就伴着太阳开放了。红色的，蓝色的，紫色的，远看那一朵朵小花，就像一个个朝天的小喇叭，所以人们也叫它“喇叭花”。近看，像盛着琼浆玉液的玲珑的高脚杯，又像小朋友绽开的笑脸冲我们微笑，时而还有彩蝶在花丛里翩翩起舞，把牵牛花点缀得更加美丽多姿。啊！好一片缀满牵牛花的缎子！傍晚，太阳落山了，牵牛花也跟着谢了。这时，一批新的花骨朵又在含苞欲放。第二天的早晨，这批花儿又随着太阳展示出它的风姿。

仲秋时节，牵牛花逐渐开完了，叶子也开始发黄了，这时，在它的茎上长出了一个个小圆球，像个蓓蕾，那里面孕育着新的生命——种子。西北风一刮，“蓓蕾”的外壳自动裂开，黑色、饱满的种子落在泥土里。到了春天，在阳光雨露的滋润下，它们吮吸着养料，种子破土而出，新的生命又将诞生。

牵牛花虽然没有秋菊那样高雅，也没有牡丹那样华贵，更没有兰花那样清香，但它那奋发向上，努力攀登，不择条件，顽强生长的精神，不正是它那种特殊的美吗？

[例文 30]

养　花

北京景山学校初一　曾克非

夏初，爸爸出差了，临走前，把他养的几盆花和种的瓜蒌，分派给我和妹妹管理。我管两盆玻璃翠和地里种的瓜蒌；妹妹管两盆仙人掌。

我并不喜欢这差事，什么浇水啦，晒太阳啦，太麻烦。可爸爸既然给了这个任务，我也不得不操操心了。

开始几天我是硬着头皮干，渐渐地对花有了点感情，没事就摆弄摆弄，眼看着它们长大、开花，也很有意思。

玻璃翠身子娇嫩，水浇多了不行，少了也不行；晒太阳时间长了不行，短了也不行。一次我浇水浇多了，它们叶子都要黄了，我把它们搬到太阳地晒着，自己回到屋里躺下休息一会儿，哪知一躺下就睡着了。醒来一看，糟啦！玻璃翠低头弯腰直发蔫，这真急死我了。我叫来妈妈和妹妹，妈妈说："再浇点水看看，晒坏了。"我连忙给它们浇了些水，这才保住了它们的性命。不几天，它们开出了美丽的粉花，花儿们向我微笑点头，像是在向我表示感谢。我更乐得合不拢嘴。

玻璃翠是开花了，瓜蒌怎么样了？瓜蒌也开花了，那花更美，淡黄的花，有点像孩子们吹的小喇叭，从花心里伸出许多白须一样的花蕊，卷曲着，柔软得很，是碰不得的。开花不久竟结出一个个很小的黄球儿，这就是瓜蒌。

爸爸说过瓜蒌治喘病，还说，等结了果要给一个有喘病的老同学送去。于是，我精心照顾它们。一次夜里下起了大雨，我听见了雷声和雨点打在叶子上的声音。忙拉开灯，穿上鞋，顾不得找雨衣，就跑到院子里，打着手电看瓜蒌、玻璃翠淋坏没有，它们都很好，我才放心，可我自己却成了个落汤鸡。

经过精心的照顾，瓜蒌终于成熟了。我摘下一个个大黄球，抱在怀里美滋滋的。

爸爸回来了，看见茂盛的玻璃翠和摆在桌上的大瓜蒌，高兴地对我说："真不错，你有功。"为此还奖给我十支铅笔。从那时起我爱上了养花这个"行业"。

[评析]

看花是欣赏美，养花呢？例文29、30就是两篇写养花的习作。

《牵牛花》的作者周昕炜，是觉得牵牛花有一种特殊的美，有意收摘了一些花籽，第二年春天亲手栽上的。他从种子出芽开始写起；中间因功课忙，无暇照顾这花，等到想起再看时已经开花了；最后叶子黄了，子粒成熟了，一株牵牛花走完了自己的生活道路。作者从养花中体味到一种生命的力量，想到春天再来时又会诞生新的生命，他十分欣喜。

文中描写牵牛花多用比喻，而且时常一连用三四个比喻句。形容牵牛花的小芽时这样写：“刚长出来的叶子像出生不久的婴儿那么嫩，像刚琢磨过的翡翠那么绿，像精心雕刻的碧玉那么润，让人看了心醉。”在描写喇叭花时，把它们比作“朝天的小喇叭”、“盛着琼浆玉液的玲珑的高脚杯”、“小朋友绽开的笑脸”。用这样铺陈的方法来形容喇叭花的风姿。

《养花》的作者曾克非不同，他是从爸爸那接受了养花的任务，开始还有点嫌麻烦。但在养花的过程中对花儿有了感情，任务完成得不错，还受到爸爸的表扬。曾克非始终把花的生长、变化与自己的心情结合在一起写，花是心之所系，有喜有忧。养花中的种种小波折反而增加了作者对花的感情。当他把收获的瓜蒌抱在怀里时，心里是美滋滋的，可以前他曾不喜欢养花，是硬着头皮干的。劳作带来的是快乐，是收获，这大概是曾克非想告诉读者的一点意思。

欣赏花美，养花也美。

[例文31]

我和爱犬

福州三中初三　朱　颖

“汪！汪！汪！”门外又响起了我的黑狗令人心悸的叫声。说它是黑狗，可那毛茸茸的尾巴却是白的，一摆起来，白光一闪，真有点神气劲儿。最美的是它那四条结实的腿，飞奔起来又轻又健，像道闪电一闪即过。它的耳朵特别灵，稍有动静，就竖着耳、瞪着眼，翘着尾，大有一触即发之势。说实在的，我们住在空旷的郊外，有这么一条机警的狗，心里多了几分安全感。

我和姐姐给它取名叫“摩西”。可惜它对这外国名字不适应，你叫它，它不理，倒是一吹哨，它就知道是叫它。不想这种方式容易被人模仿，过路人用口哨招引黑狗。可是黑狗一听陌生的口哨，就会被激怒，从高坡上飞奔而下，大有决斗的架势，吓得那些招事的人边跑边喊“救命”。

我很想训练黑狗，让它像阿瑟（美国电视剧《我们的家》中的一条狗的名字）一样听话，一样有本领。可试验多次都不成功，不知是它太笨，还是我训练无方，总之，是没训练成。不过，这并不妨碍它和我亲热、撒娇，也不影响我们一家人对它的喜爱。

天冷了，我和姐姐可怜它，想放它进屋里暖和暖和。可它不敢，我用点心“招待”它，它才抛开“顾虑”进了屋。没想到，一进屋就盯住了大衣橱的镜子，它对镜子愣了半天，然后走过去把头伸到大衣橱底下，似乎在找什么。哦，原来它以为橱子后面有它的同类。我们看见它的傻样，笑得前仰后合。它好像对这种嘲笑很反感，低着头，走出屋子再也不进来了。

渐渐地，我发现黑狗有社交活动了。常常一天半天不见踪影，即使在家，也不安于职守，经常朝对面的山头看。我最终明白了，那边山上经常有一条白狗，一看到白狗，它就来了精神。一旦见不到白狗，它就卧在草地上害“相思病”。我可怜的黑狗，我真想此时能助你一臂之力。

我的黑狗不是名贵品种，也不聪明，但它是我的，一条与我为友的可爱又可气的狗。

[例文32]

“静静”和“闹闹”

华东师大一附中初一　赵诣弘

两星期前，一天放学回家，见路边一大群人围着看什么，我也急忙跑上去，凑热闹。挤进人群，我眼睛猛一亮，嘿！一对竹篮里放着二十多只黄绒绒的小鸭子，真可爱。看着别人各自买走自己喜欢的小鸭子，我也按捺不住喜爱之情，买下了早已看中的两只。真巧，一只是雄的，一只是雌的。

我把这两位小客人带回家，于是它们就在我家落户了。我想小雌鸭应该文文静静，我就叫它“静静”，我希望小雄鸭能活泼一点儿，就叫它“闹闹”。外婆说小鸭子养不大，可我却信心十足，一定要把它们养大。

上星期天，太阳暖暖的，我看小鸭子的毛很脏，都发硬了，觉得应该给它们洗个澡。于是在大鱼缸里放了些水，把它们摆了进去。起初，我怕它们会呛水，可是，你看，静静和闹闹游得多好啊！它们快活地游来游去。时而弯下小脑袋，用扁扁的嘴巴啄啄自己的绒毛，像在给自己擦澡。过了一会儿，我把湿漉漉的静静和闹闹捞了起来，放在一只垫有报纸的旧铅桶里，把它们放在阳台上晒太阳。太阳下的静静和闹闹可怜巴巴的。毛这儿一簇那儿一簇的。两只小鸭子紧紧依偎在一起，冻得发抖，我心疼地摸了摸它们，我的手感觉到它们小小的身体在微微颤抖。那时，唯一充满生机的，是它们两双棕黑的圆眼睛。大约过了半个多钟头，他们的毛蓬松了，静静和闹闹用嘴梳理着绒毛，又恢复了可爱的模样。我越看越喜欢，把闹闹拿在手心里，轻轻抚摸着它的绒毛。忽然，“噗”的一声，它在我手里留下了一堆烂兮兮的东西，但它却若无其事的，我生气了，用手指轻轻点了一下它的小脑袋，它往后闪了一下，一声不吭，走开了。哦！我的小闹闹……

静静和闹闹给我带来了无限的乐趣，但好景不长，四月二十日，下午天阴沉沉的，我又想给它们洗个澡，外婆说没有太阳，要着凉的，不要给它们洗。可我觉得静静和闹闹已经长大了，经得起考验，便不顾外婆的劝告，执意给它们洗了澡。洗完澡，我把它们放在了蛋糕盒里。

第二天，是我校的春游日，我早早地起了床，听见一只鸭子的叫声有点异样，打开盒盖一看，我不由惊呆了。只见静静斜躺着，闭着眼睛，胸脯吃力地一上一下起伏着。“不会有事的。”我心里不断安慰自己。我盛了一小杯饭，闹闹来吃了，静静却毫无动静。我用手小心翼翼地扶着它的头，把它的嘴放进杯里，它艰难地吃了两口，又不动了。为了抢救它，我把它的嘴轻轻地掰开来，塞进一粒米，但它没有吃下去，我放下它，知道它没救了。只见它痛苦地将头拗过来拗过去，一定很难受，费劲儿地在呼吸。突然，它用尽了最后一点气力，猛地将整个身子翻了过来，终于闭上了眼睛，小小的胸脯也不再上下起伏了。我克制不住自己，泪水一滴滴落了下来。我轻轻拿起静静，把它放进一个小木箱里。更可怜的是闹闹，它失去了伙伴，竟跳出盒子，摇摇摆摆找朋友来了。那一天春游我也没玩好，静静临死前挣扎的情景，总会出现在眼前。

过了两天，闹闹总是闷闷的，也许是由于失去了伙伴，过分孤独、害怕，饭吃得很少，我可怜它又想不出办法，终于它也恹恹地死去了。因为我在上学，是外婆为它收的尸，也放在小木箱里。我回家，打开小木箱，呆呆地看着两个都死于我手下的无辜的小生命，回忆起它们以前欢快玩耍、啄食的情景，我又哭了。是我爱它们反而害了它们呀！

[评析]

《我和爱犬》、《“静静”和“闹闹”》是写自己宠物的习作。孩子们对宠物的感情和成人不一样。成人们往往借宠物解脱寂寞，排遣闲暇，而孩子们没有功利的动机，是从心里爱它们，把它们当朋友，甚至当亲人。你瞧，朱颖不是想治好摩西的“相思病”吗？赵诣弘对手里留下的“一堆烂兮兮的东西”不也只是“用手指轻轻点了一下它的小脑袋”吗？这两个小小细节突出了一个“宠”字。以纯真的童心写与那狗、那鸭的友谊，正是这两篇文章感人的根本。

这两篇文章写作上的长处是材料充实、详略得当，对宠物既有全面介绍，又有特写镜头。傻里傻气的摩西照镜子的一场很有趣，尤其是说它“对这种嘲笑很反感，低着头，走出屋子再也不进来了”，还真有点小脾气。《“静静”和“闹闹”》中写小鸭洗澡的一场最精彩。小鸭子在水里“用扁扁的嘴巴啄啄自己的绒毛”，捞上来后“毛这儿一簇那儿一簇的。两只小鸭子紧紧依偎在一起，冻得发抖”。晒晒太阳又用嘴梳理绒毛，又恢复了可爱的模样。这样，点、面结合，很好地处理了丰富的材料，给人的印象也是完整深刻的。

这两篇文章都是从宠物的来历写起，从过去写到今天，层次清楚，尤其是《“静静”和“闹闹”》一文更为明显，按见鸭、买鸭、养鸭、悲鸭的顺序写下来，写得鸭趣盎然。

[例文 33]

“白雪公主”小传

北京景山学校高一　马欣来

我要为“白雪公主”立传。白雪公主，祖籍：波斯，现居北京，本是一只雪白雪白的长毛“狮子”猫，是我们全家的宠儿。

“白雪公主”刚到我家时，比拳头还大不了多少。它周身纯白，头顶正中有着淡淡的一抹黑，显得分外俏丽，特别是全身被那蓬蓬松松的白毛围着，圆乎乎的，好像一个雪球似的。

猫咪虽然还很小，倒也落落大方，一点不认生，一见面就亲热地偎在我怀里，顽皮地拨弄着我的辫梢。

我欣喜若狂地捧着小猫咪闯进姐姐的房间。

“姐姐，快看！小猫，小猫！”我把小猫托送到姐姐眼前。

姐姐惊喜地伸手来抢小猫，我急忙一闪身躲开了。

“哼，你就别给我。”姐姐拿不到小猫，赌气地说，“‘小猫’‘小猫’的，它到底叫什么呀？”

“叫‘咪咪’呗！”我胸有成竹地说。

“哈，不行！‘咪咪’是乳名，人家还得有个学名。”姐姐诡秘地笑着，故意难为我。

“那还不容易！你看‘咪咪’头顶有一点黑，好像一顶帽子，就叫它：‘乌冠——仙子’。”

“哟，哈哈哈，还是‘仙子’呢！”

“那就叫它‘乌冠子’。你看，黛玉就叫‘潇湘子’，王绩也称‘东皋子’……”

“啊，是啊。”姐姐接口嘲笑道，“萝卜种还叫‘莱菔子’呢。什么‘乌罐子’‘白罐子’的。”

小咪咪暂时还没有定下学名，但这并不影响它的情绪。它一双亮晶晶的蓝灰色大眼睛开始紧紧盯床角的一个什么目标，两条后腿有力地暗暗蹬动着，猛然“嗖”地一下跳过去，如临大敌似的竖着头上披散着的长毛，使劲儿把一个小小的红线团从枕头下拖了出来。绛红的线团在床上不停地滚动，雪白的小猫活泼地到处追逐着，恰似“狮子滚绣球”样。一会儿，它又改变了战术，先躲到一边，把身子缩成一团隐蔽起来，沉着地等线团滚远，快看不见的时候，才突然出击。

玩耍了片刻，我把红线团藏到身后，逗它来找。它却并不立即搜寻，只是立直两条前腿端端正正地蹲坐着，稍稍仰起脸，两只圆圆的大眼睛稚气地盯着我。看上去真是妩媚极了，而又带了几分矜持……我一把将小咪咪揽到怀里，轻轻抚摸着它白雪一样洁净然而十分温暖的身体。“真可爱……对了，咱们就叫它‘白雪公主’吧。”

小“白雪公主”一天天长大了。它十分健壮，而且非常清秀，蓝灰色的眼睛变成了淡金色，乌黑的瞳孔周围一圈却又是碧绿的。它的毛如今更是又细又长，柔软而润泽，在阳光下白得耀眼。最难得的是它那异乎寻常的尾巴，当它神气地把尾巴高高翘起来时，看过去，那蓬蓬松松的大尾巴差不多和它身体一样大了，“简直像个大松鼠!”真叫人惊叹。

小“白雪公主”非常热情好客。家里来了客人，它有时依依膝下，撒娇地躺在客人腿上睡觉；有时跑前跑后，顽皮地引逗人。客人们都喜欢它，称赞它。还有一些生来就怕猫的娇怯的姑娘居然十分喜爱它。据她们说：“如果天下的猫都像你家‘白雪公主’一样，我也就不怕了……”在小“公主”刚满四个月的时候，就已经有十几个人表示希望将来能迎去一位它的小“公子”或者小“千金”……

小“公主”的确是聪明乖巧，五十天时就会熟练地爬树。它一纵身，只见一团白光闪过，已经攀到了树梢，其速度之快，技巧之高超，实在不同寻常。更何况在它两个月零八天的时候，就能独立地捕捉到一只老鼠！其飒爽英姿可想而知。为此，它还荣获了“小勇士”的称号。

全家人都十分钟爱它，不免有时将它娇纵了，它也惹了不少麻烦。

有一天，纷纷扬扬地下起了大雪，小“公主”虽然叫“白雪公主”，可还不知道“雪”是什么东西。于是，它好奇地在院里跑来跑去，想抓住几朵像蝴蝶一样在空中飞舞的雪花，捉了好久，一朵雪花也没有抓到，只好怏怏地回屋，跳到我的床上转了一圈，找一个舒适而且暖和的角落睡下了。我做完作业，习惯地到床前去看看“公主”，谁知刚俯下身子，就不由得叫起来，天哪！我那干干净净的粉红白花床单上被乱七八糟地印满了一个个深灰色“梅花”形的“图案”。真气人！可又无从责怪它。唉，算了，姑且念它是无心之过。

又有一天，妈妈的眼镜找不到了。我帮妈妈在书房的桌子上、抽屉里到处寻找，还是杳无踪影。我无可奈何地回到自己的房间想换上拖鞋，脚刚伸进拖鞋便触到一个凉凉硬硬的东西。我一惊，赶紧伸手进去一摸，竟然是妈妈的眼镜！小“公主”藏在桌子下调皮地冲我“咪唔咪唔”叫，好像恶作剧后挺得意似的。真不知道它是怎么把眼镜从书房一直拖到我床下，塞进拖鞋里的。

小“公主”淘气固然淘气，仍不失为一只可爱的小猫。它顽皮的插曲倒给我家的生活添了不少乐趣。

一次，我从外面回家来，总觉得今天有点异常……哦，眼前少了那欢蹦乱跳的小“公主”。我看看我的床上，翻翻姐姐的枕头旁边，瞅瞅爸爸的书桌下面，摸摸妈妈的提包里……一切小“公主”常去的地方都找遍了，哪有它的影子！全家人都开始到处找。我渐渐心慌起来：莫非它自己跑出大门去了？莫非是什么人把它偷走了？要知道它实在是太引人注目了呀！我们常常戏称它是“天下第一猫”的。

……希望越来越小了，妈妈试图安慰我：“你放心。咪咪到谁家去，人家都会好好待它的。”

妈妈这么一说倒弄得我心里酸酸的，继而鼻子也酸酸的，眼睛也酸酸的了。我想不出小“公主”离开我们怎么生活……一定要找到它！可是到哪儿去找呢？……我疲倦而绝望地靠到沙发上，全家人也都默默无言。

忽然，我听到一种轻微而熟悉的声音，仿佛是小“公主”在伸懒腰，并且打哈欠。我充满希望地告诉大家。大家屏息静气地四处去听。“咕噜，咕噜。”大书橱里传出了小“公主”惬意的“念佛”声。姐姐兴奋地一把拉开橱门，只见“环猫皆书也”，小“公主”舒展地躺在一本《词综》上，一只前爪按着《关汉卿》，懒洋洋地伸出头来。我们大笑起来。

……今年春天，“白雪公主”举行了婚礼。它的丈夫是一位魁伟强健的白波斯猫，虎头虎脑，威风凛凛，一只眼睛像阳光一样金黄而明亮，另一只眼睛像大海一样蔚蓝而晶莹……

不久，它们有了四个天使一样可爱的孩子。这四只小猫一色洁白，乳名便叫：玉、洁、冰、清。玉玉最健壮漂亮，长得酷肖乃母；洁洁最活泼顽皮，终日和兄弟姐妹嬉闹，只要它醒着，别人就甭想睡；冰冰是唯一的女孩，最娇憨妩媚，一双碧眼宛若两泓清泉；清清最小而又最灵巧敏捷，它继承了父亲的“鸳鸯眼”，显得格外神气。

每天清晨，四个小安琪儿便相随爬上我的床，简直把床当成了它们的操练场，在上面追逐打闹，令人不能安卧。我只好把床让给它们。

“白雪公主”做了母亲以后，变得温柔娴静，沉稳端庄，不再围着人调皮、撒娇，只是悉心照料和训练它的孩子们。它教小猫们爬树，小猫们到处爬，常常抓住人的裤腿一直爬上肩膀。它教小猫们捉老鼠，小猫见到什么目标都捉，把孔雀翎、羽毛花都撕扯得乱七八糟。其实，它们本来就没处找老鼠去，“白雪公主”自那次捉过一只老鼠后，我家的老鼠就绝迹了。

“白雪公主”到今年九月初九重阳节整整两周岁，它的生活刚刚开始。让这段记载作为它一生传记的开头吧。

[评析]

为人作传常见，而且往往为名人作传；为一只猫作传少见，可见是只“名”猫。从作传一举可以想见作者是如何宠爱这只猫了。文题不同一般，能吸引读者。

文章记叙、描写了猫的活泼貌美，热情好客，聪明乖巧，顽皮淘气，温柔娴静。这可以说是结构全文的一条横线。文章从交代猫的品种、籍贯、命名由来写起，直写到它成婚生育，既为“人”妻，又为“人”母，这可以说是结构全文的一条纵线。两条线交错，使文章虽长但不繁杂，而是井然有序，记叙丰满。

文章记叙、描写非常细腻，小猫的一举一动都写得活灵活现。所记叙的几件事各有代表性，又十分具体，其中渗透着作者对猫宠爱的真情。除了正面描写，还借不同的客人对猫的共同喜爱，希望“迎去一位它的小‘公子’或者‘小千金’”等进行侧面烘托。本文语言轻松活泼，又讲究推敲，与所记叙的事格调和谐统一。

[例文 34]

我爱我的小白鸽

天津南开中学初一　刘　峰

每每听到天空“呜呜”的鸽鸣，我就想起我养过的那只历经灾难的小白鸽。

记得那是上小学二年级的时候，表哥送给我一只雪白的大鸽子，并告诉我它要生蛋了。我把它放在它的新家——一个铺满软草的盒子里。不久，它果然生了个蛋，可刚孵出小鸽子，它就病死了。

大鸽子死了，我把小鸽子当做心肝儿宝贝。它很小时，还没长羽毛，不能吃食，一般都靠大鸽子喂食吃，可大鸽子死了，我只能代替大鸽子来喂它吃。我每天精心喂养它，它渐渐长大了，可还不能飞。

这时的小白鸽已经光彩照人了：洁白的羽毛一尘不染，油光发亮，红红的嘴，黑黑的眼睛，头顶上还有一簇黑毛，点缀得小白鸽更好看了。一双红脚，柔软而纤细，走起路来，摇摇摆摆，活像一位舞蹈家。它每次噙着水，梳理羽毛，在阳光下，更显得娇小妩媚。

渐渐，它会飞了。每天早上，我把它放出去，飞一会儿，再放进盒子。

一天早上，我从盒子里拿出小白鸽，迎着曙光，使劲儿一投，小白鸽扑扑翅膀，直上云间，飞得只剩一个小点儿。过了一会儿，它一个俯冲，呼地，又扎了下来，飞到我手上。轻盈的体态，活像一朵白莲花。我有意炫耀一下，又把它投向空中。不料，小白鸽一下碰到一群往北飞的鸽子群，被带走了。

我惊呆了，茫然地望着空旷的天空，一切对我像已经不存在了。后来，我不知道自己难过了多久，妈妈劝，爸爸劝，我还是不能从忧伤与寂寞当中解脱出来。

又是一个早晨。我走到阳台上，望着空盒子，心里有一种说不出的惆怅。忽然，一个雪白鸽子飞入了我的眼帘。我起初不以为然，可后来，它竟飞上了阳台。我惊喜万分，跑过去，抱在怀里，仔细一看，是我的小白鸽。我简直不相信我的眼睛，再一看，没错！我高兴极了，把它贴在脸上亲了又亲。它用嘴蹭着我，仿佛在说："别难过了，我不是回来了吗?"

我想小白鸽肯定被捆过。听说有人对被带来的鸽子，不是捆起来自己养，就是打死吃掉。我捧起小白鸽仔细一看，腿上还有捆绑的痕迹。一定是它磨断了拴它的绳子，才飞回来的。我又看了看它的嘴，嘴角上还挂着血迹。人们常说，失而复得的东西最珍贵，我更爱我的小白鸽了。

可是，不幸的事终于发生了。

那是一个夏天的晚上，热极了。我照旧把小白鸽放在阳台上，然后回屋睡觉。屋里整夜开着电扇，不觉得热，我一觉就睡到半夜。忽然，阳台上传来一阵杂乱的声音，其中夹杂着猫叫和鸽子叫。我猛地起了床，鞋都没穿，跑到阳台上。啊，我惊呆了！一只大野猫正叼着还在挣扎的小白鸽，要逃跑。我怒不可遏地跑过去，可恨的野猫扔下小白鸽，跑了。我怀着一线希望，急忙捧起小白鸽。小白鸽的肚子已经被咬破，雪白的羽毛杂乱极了，上面血迹斑斑，脑袋无力地耷拉着。顿时，我的手颤抖起来，泪如泉涌——它已经断气了。

爸爸妈妈急忙赶来，见我难过的样子，心里也不好受，劝了我好一会儿，把我扶上床，见我躺下，才睡去。可我却翻来覆去睡不着，小白鸽那矫健妩媚的身影，总在眼前闪现……

每天早晨和吃饭的时候，我都会不由自主地说一句："该给小白鸽喂食了。"然而盒子是空的，我的心是酸楚的。

猫，我本来喜爱的猫，成了我的死敌，因为它使我失去了最亲密的伙伴——小白鸽。

[评析]

饲养宠物带来的都是快乐吗？看了《我爱我的小白鸽》就能体会出这里的几多欢乐几多愁。

这篇文章记叙养小白鸽的曲折经历，小鸽刚孵出，老鸽就死了，这就是一重灾难，一份悲哀；小鸽又被鸽群裹挟走了，又是一重灾难，一份悲哀；中间失而复得虽然使人喜出望外，但最终死于野猫爪下还是让人悲哀。在记叙中插入许多对小白鸽的描写，强调它外形的美，动态的美，跟人亲近的美，反衬了它的遭遇和作者因失去它而悲哀的心情。

写小白鸽"外貌"和小白鸽飞翔的姿态两部分很生动、传神。写"外貌"抓住了最漂亮的几个部分，羽毛、嘴、眼睛、头顶上的一簇黑毛。写飞起来抓住轻捷矫健的特点写，"它一个俯冲，呼地，又扎了下来，飞到我手上。轻盈的体态，活像一朵白莲花。"

[例文35]

疚

苏州中学初一　王丽华

我家的狗死了！

我家的那只狗，是外公送给我的。那时候，它刚断奶，长得可好了，一身黄毛，左耳朵尖上有个小黑点，乍一看，还以为是个小虫子呢，两只眼睛怪水灵的，浑身透着一股子灵气。大概是初来乍到，它很怕生，不怎么活泼，几乎老是躺在墙角晒太阳。我们一家人都很喜欢它，逗它玩。

可是，它稍大些，就开始“野”了。一天到晚见不到它的影子，总要到天全黑时，它才蹭着门呜呜地叫，恳求我让它进屋。不久，它简直成了一条野狗，本来很光洁的皮毛变得污涩不堪，真叫人讨厌！渐渐地，大家便不再逗它玩，渐渐地冷落了它。

这还不算，它还经常惹祸，不是把妈妈刚洗好的被单扯下来，抱着满地打滚，就是把刚洗干净的青菜拖拉得到处都是……为此，爸爸妈妈很恼火，几次赶走了它，它似乎一点也没察觉人们对它的厌烦，天天还是回家，也不时地干着“坏”事。

一次，一连三天它都没有回家，谁也不着急，失就失，亡就亡。只有我还多少挂记着它，找过它几次。

第四天，我无意中在一条土沟里发现了它的尸体，身子蜷着，头歪在一边，黄色的皮毛上沾满了泥，似乎还有条条血痕。

这可怜的狗，它一定是被人打死的。我不忍再看，只觉心头一阵紧缩，泪珠簌簌地滚了下来，也不由地记起了一些往事。

有一天，狗在门外呜呜地叫唤，我不情愿地去开门，但它却不进来。我恼火了，真想一脚把它踢开。可它却咬住我的裤脚往门外拖。“干什么!”我尖叫着，想挣脱，它却依然咬住不放。我怕扯坏裤子，只得跟着它来到门外。哦，原来我急着看电视，竟把刚买不久的“凤凰”车忘在外头了，而且钥匙还挂在锁上。我责怪自已粗心，赶忙把车搬进屋里。感谢地拍拍狗的额头，它像明白我的心思，乖乖地偎在我的脚边。

早晨我爱睡懒觉，一到六点钟，它就在我窗前叫。放学回家它会跑出来迎接着，脚前身后欢蹦，更有甚者，它还会站起来，两个前爪从我身后扒住我的肩膀 ……

我明白了，我的狗不野，也不笨，只怪我没训练它，没教它本领，责备多，关心少。如今它死了，我心里充满了悲楚和内疚。

世上有不少东西，我们往往不觉得它们珍贵，而当失去它们的时候，才感到它们的可贵。

[评析]

《疚》的作者劈头就是一句："我们家的狗死了！"倾诉了无限的悲哀，这情绪笼罩全文，作者怀着"疚"的心情，诉说着一条狗的故事。

第二段没有承接第一段写下去，而是撇开来，从头说起。开始家里人都喜欢这条小狗，但稍大些，人们认为它"野"了，又干"坏"事，就不喜欢它了，最后发现它死了，而且是被人打死的。作者思想的闸门打开了，回忆起狗的几件往事。狗曾提醒"我"免遭丢车之祸；平时狗还主动向主人讨好，求得宠爱。但这些悔、疚都无用了。这时作者才体会到：世界上不少东西，当失去它们的时候才感到它的珍贵。

从疚中得到这样的启示，也算没有白懊悔一场。狗若有灵也会原谅主人了。

[例文36]

蓝天上，有一只小鸟

苏州中学初二　赵毓毓

"叽叽，叽叽——啾！"一阵清脆的鸟叫声触动了我的神经。该不是鹂鹂回来了吧！我又惊又喜地赶忙放下作业，蹑手蹑脚地走近了阳台。欢快的叫声突然停止了，眼前一个黑糊糊的东西一闪而过。看清了，原来是一只不起眼的麻雀。满腔的高兴和希望顿时化为乌有。

我呆呆地望着丢在阳台角落里的已落满尘土的空鸟笼，眼前仿佛又出现了那只披着一身黄羽毛的小黄雀。它是受了枪伤后被我抓住的。在我的精心护理下，它的伤口很快愈合了。于是，小黄雀成了我们家庭中的一员。我给它起名"鹂鹂"。

或许是出于感激吧，鹂鹂并不认生，总是转着漆黑的小眼珠打量着这个陌生的地方。它那活泼的身影和悦耳的歌声给我这个整天被埋在功课堆里的中学生带来了莫大的兴趣和美妙的遐想。我仿佛一下子回到了童年，变成了稚气十足的孩子，和小鸟一起唱歌，说悄悄话；晚上我从星星那里借来翅膀和鹂鹂一起飞到遥远的国度——安徒生的故乡，去寻访可爱的拇指姑娘和爱丽莎公主。在我的心目中鹂鹂成了快乐天使。

谁知好景不长，鹂鹂渐渐地变了。对食物似乎感到厌倦，对我的逗弄也不理不睬，整天懒洋洋的，偶尔叫几声也显得那么凄楚。唯有早晨晒太阳的时候它才有点精神。它时而静静地望着蓝天，小小的黑眼珠里流露出渴望的神情；时而发怒似的竖起羽毛，用翅膀撞击鸟笼。小伙伴劝我："这样下去鹂鹂会死的，放了它吧。"我又伤心又失望，我对它倾注了多少心血啊，难道这里还不是它的乐园吗？

几天过去了，望着小鸟痛苦的样子我心软了，我的心告诉我，不应该把自己的欢乐建筑在它的痛苦上。打开笼子，鹂鹂望着我，带着怀疑的神色。但只是一瞬间，鸟儿箭一样地冲出了笼子，在半空中有点歪斜地打了几个圈，毅然钻入云端，消失在蓝天里。我深情地凝望着。是的，那里才是它的乐园，它日夜眷恋的地方。那里有蓝天的拥抱，有白云的絮语，那里有太阳的爱护，有月亮的问候，还有朋友的真挚的情谊。鸟儿长着翅膀而不能飞翔，恐怕是最痛苦遗憾的事了。

鹂鹂自由了，快乐了。我呢？我常常把自己的思念都记在日记上，我要把它寄给蓝天，寄给我的可爱的小鹂鹂，有一条感情的线牵连着我们。让知识变成我的翅膀，这便是我的愿望；让你带我遨游，这便是我的思念。

蓝天上，有一只小鸟……

[评析]

《蓝天上，有一只小鸟》的作者，也经历了失去宠物之哀，但与前两篇习作比较起来，作者是主动开笼放走了小鸟。

文章采用倒叙的方法，先写放了鸟后，鸟去笼空的凄凉，最后又回到开头，写自己心系蓝天，寄情天上的自由的飞鸟。

插叙部分是文章主体，也有一波几折，抓住的小鸟是受了伤的，伤愈之后本是愉快的，但接着渴望蓝天与自由了，善良的主人便放了生。

文中写小鸟与“我”为伴的一段很生动，作者与小鸟在一起时，产生了许多美丽的遐想，从中得到了快慰。写小鸟最后飞走的一段很有感情：“打开笼子，鹂鹂望着我，带着怀疑的神色。但只是一瞬，鸟儿箭一样地冲出笼子，在半空中有点歪斜地打了几个圈，毅然钻入云端，消失在蓝天里。”这告别的一场真是人有情，鸟有义。

通过收养和放生，作者体会到不应把自己的欢乐建筑在别人的痛苦之上。真是很大的收获。

[例文37]

春的消息

北京景山学校高一　伊　伟

北京的春天与其他地方比起来，是短暂易逝的，短暂得几乎让你没有时间去仔细感受它、体味它——往往是刚刚枝头吐绿，不几天便是一树盛夏的浓荫了。

北京的春天来得迅疾，漫漫严冬一过，立即就是春天的到来，冬春间没有一丁点儿的间歇，赶脚儿似的来了。而今年的春天来得尤为迅疾，似乎一夜之间便换了一个天地——这感受在我尤其强烈。

照例，每年春天我都要到筒子河边看河水解冻，垂柳初绿。看着挣脱了一冬的桎梏的河水，看着柳枝上的点点鹅黄，我总有一种说不出的欣喜，似乎我就是那刚刚吐出新芽的柳枝，就是那才挣脱冰封的河水，自有一种脱胎换骨的感觉——这是春天里特有的感受。

而今年，我去迟了。每天的学习和作业搞得我疲惫不堪，再没有工夫去看河水解冻了，或者干脆说，我根本就没有意识到春天将至的讯息。

不久前的一天，当我终于有机会来到筒子河边，我的兴奋是无法形容的：河中，早已是春波荡漾；柳树呢，也早已嫩叶满枝——我突然意识到："春天来了！"在片刻的兴奋之后，我不禁责怪自己的迟钝：从眼前的景象看，早已过了春天刚刚吐露消息的时候——我怎么早没感到春天的到来呢？"春无消息谁知，除非问取黄鹂，百啭无人能解，因风飞过蔷薇。"——这最初的春消息我是感受不到了，只能退而求其次，尽情欣赏眼前的春光吧！

春天的好处就在于它给所有人以希望，无论长幼贵贱，都能在春天里体味到一种全新的感受，进而以全新的身心投入新的一年，因此人们总爱把春天作为一年之始，全新的开始联结着全新的希望："一年之计在于春。"真的呢。

春天的确是有些神异呢，在春光里，极少有什么东西是伤感的，就连历来引人伤感的夕阳中的河边柳，在春天里也有了新的光彩，"那湖畔的金柳，是夕阳中的新娘，波光里的艳影，在我的心头荡漾。"你看，不是吗？就连那些"伤春"之作，你也可以从中读出对春天的无尽希望呢！

想到这里，我不再为没有最早地感受到春消息而懊恼了，我体味到了春天，还不够吗？

[例文 38]

寻觅

北京师院附中初二　于　杨

不知何时，天空变得更加高远明朗，时而有那追寻阳光的燕子，画着优美的弧线飞向南方；不知何时，月下的荷塘变得更加幽雅静谧，不再有蛙鸣蝉声惊扰那荷香犹存的梦；也不知何时，穿梭在林间的风儿变得更加轻盈，伴着金黄的落叶飘旋飞舞，仿佛已有一位秋天的精灵踏着舞步悄悄来临……

习习秋风陪伴我，又一次踏上这条秋意浓浓的小路。一路上，我嗅着空气中那清清爽爽的气息。细寻去，它们来自树梢，来自草间。于是，我便眯起眼，尽力寻找它的模样。噢，那原本无色透明的气体，却在我天真、明澈的眼中投现了影像，它正是姗姗而来的季节姑娘的裙，轻轻盈盈、婷婷袅袅，使我在朦胧中从心底溢出丝丝留恋、回忆。童年的往事伴着草根与泥土的清香阵阵飘来，又使我在清新中有许多遐思、畅想：那通向蓝天的小路尽头，忽而闪现出一个扎着大蝴蝶结的小娃娃，正撒开小脚丫儿，追着一只只颤动着“嫩翅”的白绒绒的“小伞花”，风儿送来娃娃稚嫩的声音：“花花，花花”……这朦胧的画面，悠远的声音，是那样美好，使我的心也激动了。

小路悠悠，似一条飘飞的绸带缠绕于秋林之间。我漫步而行，看枝头那浓淡相融，深浅相宜的秋叶，它似乎有了更深的蕴涵。秋林无际，恰似一池融满秋意的湖水：黛绿是浓浓的底色，翠绿是圈圈涟漪，草绿是湖中轻歌曼舞的水草，小孩子踢下石子溅起淡黄色的水花……

看，前方那正浓的秋色中，怎会有夏日的蝴蝶翩然飞舞？原来是落叶踏着旋转的舞步，欢喜、依恋地投向大地的怀抱，多像那许多明快的小音符在演奏四季的旋律，轻播时光的舞曲。我悄悄踏上这金黄的地毯，那松松爽爽的感觉，引来无限的情趣……

我沉浸在秋的欢乐中，不知不觉已漫步在河边。水面涟漪圈圈，有时似银链，有时如渔网。风儿吹过，倒映在水中优美的图画被微风抖开的纱巾蒙住了，看上去是那样深沉，那样虚幻，使我如入梦境。天空不知何时被一层薄云笼罩，一会儿，似有如丝的秋雨轻轻拂面的感觉，飘逸的雨丝似竖琴的弦轻奏柔和的曲，我的心也为之沉醉。秋雨后，河水竟呈现出那样奇特的绿色，在它的衬托下，松树的苍绿太呆板，杨柳的翠绿太轻浮。它似乎没有流动，但又分明蕴藏着无限的生机。它秀美，但不娇嫩；它始终如一，但又千变万化。薄阴的天空倒映在水中，仿佛给水罩上一层神秘的薄纱，使这绿如此深沉圣洁，神秘莫测。这幽深的绿，这静如月光的绿，使我这昔日无忧无虑的姑娘也变得沉静了。

一时间，我觉得自己仿佛觅到了许多，不是吗？听，秋风、秋林、秋叶、秋雨都答复了我一首希望的歌。啊，我在这无限明媚的秋中找到了从未找到过的希望。那就是秋——它所独具的深沉、含蓄。似乎在瞬间，我长成了一个成熟的、会思索的青年。抬头遥望，路还是那样深远，在金色的秋风中，我将满怀希望，踏着青春的步伐向前奔去……

[评析]

例文《寻觅》的作者我不认识，《春的消息》的作者是我的学生伊伟，是一位男同学。可见，不只女同学多思善感，爱好文学的青少年对季节的变换都是十分敏感的。这种情愫为他们的写作又拓开了一个领域。《春的消息》的作者悔不该这样粗心，放走了“春天将至的讯息”，《寻觅》的作者则是主动地去追索秋光。

两篇作文切入季节的角度不同。《春的消息》是以感叹春的易逝为线索，而《寻觅》则是有条不紊地对秋风、秋林、秋叶、秋雨进行观察描写。但两文的作者却有共同的感受。伊伟感到的是“欣喜”、“一种脱胎换骨的感觉”；于杨感到的则是深沉、含蓄、成熟。他们都从季节变换中读出了无尽的希望，读出了一种青春的向往和追求。这就是两篇文章的中心所在，精神所在。

春俏，秋美，描绘季节的语言应讲究文理细腻，色泽润厚，意到，辞到。“每年春天我都要到筒子河边看河冰解冻，垂柳初绿。看着挣脱了一冬的桎梏的河水，看着柳树枝上的点点鹅黄。”“那原本无色透明的气体，却在我天真、明澈的眼中投现了影像，它正是姗姗而来的季节姑娘的裙，轻轻盈盈，婷婷袅袅，使我在朦胧中从心底溢出丝丝留恋、回忆。”“秋林无际，恰似一池溶满秋意的湖水：黛绿是浓浓的底色，翠绿是圈圈涟漪，草绿是湖中轻歌曼舞的水草，小孩子踢下石子溅起淡黄色的水花……”引文中加点词语有很强的表现力。

［例文 39］

秋 思

北京景山学校高二　石上梅

秋天有她自己特殊的美。如果说春天是绿色的，那么秋天就是金色的。“一年好景君须记，正是橙黄橘绿时”，多美的秋景呀！

秋天的景致常常会引起人们的遐思。马致远就写过一首有名的“秋思”：“枯藤老树昏鸦，小桥流水人家，古道西风瘦马。夕阳西下，断肠人在天涯。”情景是那样的凄凉、黯淡，格调是那样的低沉、悲惨。然而我所看到的秋光和所引起的情感却是完全不一样的。

今年秋季，我们来到了盛产苹果的南口农场。还没走进农场，远远就看到那茂密的果林，树上的苹果散发出扑鼻的香味。从农场工会主席的介绍中，我知道了南口是当年的古战场，历史上传说杨家将大战金沙滩就在这里。过去的古战场是“鸟飞不下，兽铤亡群”，用当地群众的话说就是“鸟不搭窝，兔子不拉屎”的荒凉地方。1958 年，下放干部、知识青年来到这里，冬天冒着刺骨的西北风，啃着冻窝头，一锹一锹，挖坑植树，用辛勤的汗水和心血，换来了今天的南口农场。望着那被累累苹果压弯了枝条的果树，望着那红光闪闪的苹果，我不禁感慨道：“苹果好吃，树难栽呀！”在地头上，社员正把一级苹果用纸包好，留着准备出口。秋天，是收获的季节。

一天晚上下雨了，我躺在铺上，听着那绵绵秋雨叩打窗户的声音，想起了《红楼梦》中林黛玉写过的一首诗：“秋花惨淡秋草黄，耿耿秋灯秋夜长。已觉秋窗秋不尽，那堪风雨助凄凉……”我转身看看两边睡着了的同学，心中只感到温暖。我们离开了家，同学之间互相帮助，友情的温暖和我们同在，孤独和凄惨自然离我们远远的。林黛玉的秋情是那个时代，那个社会，她那悲惨的命运的反映。而我们这个时代是大有希望的时代，我们是有希望的一代。我想着想着，进入了梦乡。

次日起身，在屋外看书，不知怎么的，总是看不下去。远处，黛青色的群山，朦朦胧胧，看不分明，空中已没有了乌云，天边上，挂着一个火红的圆球，那绿中缀红的苹果林，被霞光所笼罩。渐渐地，霞光退了，太阳发出万道金光，并不耀眼，看上去很柔和。空气中夹杂着野草和苹果的香味，湿润润的，吸进心肺，感到从未有过的舒畅、惬意。这时，果林中慢慢升起薄雾，像轻纱，掩映着果林。那苹果好像娇羞了，戴上了面纱，但她那秀美的“面容”，仍透过“面纱”被我瞥见了。路上，开始有人走过，大概是上工去的。远处还传来鸡鸣、狗吠的声音。附近驻军的军号吹响了。我手捧着书，一个单词也没记住，完全被这乡村美景所吸引了，多好的一首诗，多美的一幅画呀。

我要说，秋天本身就是诗，就是画。我的思想张开翅膀在秋原上飞翔。如花的红叶，橙黄的柿子，珠光宝气的葡萄，红灿灿的苹果……它们和我都在秋的诗中，秋的画上。

我所见所闻的秋实、秋色、秋声，是那么赏心悦目，谁能不想到，秋天是收获的季节，秋天是诗的季节，秋天是画的季节呢！“扶桑正值秋光好”。马致远倘生活在今天，那他该重写“秋思”了；而林黛玉的《秋窗风雨夕》，又该是另一番景致了，因为“萧瑟秋风今又是，换了人间”。

愿我们的祖国像这金秋一样美丽吧。

[评析]

《秋思》，题目就告诉我们侧重写所思所想。金秋是引子，勾人遐想；感受是魂灵，壮了秋色。

作者离开城市和课堂，去郊区参加劳动，亲身体会着“苹果好吃，树难栽”；离开家庭亲人，深感同学之间友情的温暖，作者正是在这种心境中来赏秋赞秋的。群山是黛青色的，太阳是火红的圆球，空气柔和又夹着香气，雾气像轻纱掩映，这是秋色。马致远“秋思”中是凄凉、黯淡、格调低沉、悲惨；林黛玉“秋窗风雨夕”是“牵愁照恨”，是“泪洒窗纱”。本文作者的心思全不如此，秋是金色的，赏心悦目的，秋是诗，是画，这是秋思。作者巧妙地用古人诗中的意境作反衬，作对比，写得有激情，写得实实在在。最后，竟设想马致远会改词，林黛玉应变调，表现了青年人的热情和自信。

［例文40］

冰城之冬

东北师大附中高一 吴 琼

你可曾到过“天鹅项下的明珠”城——哈尔滨？美丽的松花江水默默地从它身边流过；令人神往的太阳岛，江边那一座座洋溢着俄罗斯情调的小酒店，多么富有浪漫色彩！哈尔滨是一座位于我国最北端的省会城市，冬天对它仿佛格外亲昵，厮守长达半年之久也舍不得分离……

寒冷的城市

哈尔滨冬季的最大特点用一个字就可以概括：冷。有时最低气温竟达－40℃，整座城市几乎一冬都覆盖着皑皑的白雪，真是一座寒冷的都市。然而这里的生活却是火热而奔放的。清晨，潮水般的上班人流，密密麻麻的自行车，一辆辆“饱和”的公共汽车，一团团浓重的白色哈气，组成了和谐而又明快的晨曲。

由于气温低，大街上的行人都裹得严严实实，可是时髦的姑娘们，仍蹬着紧身的牛仔裤，穿着华丽名贵的裘皮大衣，在溜滑的路面上，足蹬六七厘米高的高跟儿皮鞋，行走如飞，姿态翩翩。哈尔滨姑娘竟精通了这种艺术，真令人叫绝！

神奇的冰雕艺术

冰灯，是一种独特的冰雕艺术，它在冰雕的基础上，又把填充了氖气的有色灯管夹在其中，使美丽的冰雕更加晶莹剔透，光彩照人。严冬里，您去哈尔滨，要是没去观赏冰灯，那有人就会说您“白去了一趟”，可见哈尔滨冰灯是多么有名！

一年一度的“冰灯盛会”均于春节前夕在“兆麟”公园举行。届时，“兆麟”公园内灯火通明，热闹非凡。

神奇的“冰灯”焕发出夺目的色彩。那晶莹剔透的灯塔，传神的人物形象，还有那迷宫一般的“冰雕城”，五光十色的冰雕长廊，令人目不暇接，流连忘返，多么迷人的冰灯！游人们争相在“杰作”前留影，他们当中有本市的，也有外省的，还有外国友人……他们都是慕名而来的。这又一次证实了哈尔滨的冰灯是名不虚传的。所以哈尔滨又有“冰城”之称。

超巨型“冰场”

严寒里的松花江罩上了一层厚厚的“面纱”，冰冻远远超过了“三尺”，不仅大江两岸的居民可以横行过江，免了挤车之苦，而且载重的“大解放”也可以在江面上畅通无阻。这是冬季松花江的一大好处——“超级公路”。

但它不仅是“公路”，而且是一座天然冰场：坚硬，洁白，宽阔。在这里你可以纵情驰骋，处处可见溜冰爱好者那优美的轻柔的身姿，天真的孩子们飞奔欢笑着拉“雪爬犁”的身影，小伙子驾着冰船在冰面上飞驰的雄姿……噢，别忘了，还有许多玩冰球的呢，哈尔滨的冰球队在全国甲级联赛中经常是第一名，这不仅是因为他们的技术水平高，还由于这儿的冰球运动开展得非常广泛，不管男女老少，也不管是专业的还是业余的，都能玩上几手冰球。这全受益于哈市得天独厚的地理优势。深得大自然的厚赠——超巨型“冰场”；它不仅是哈尔滨人民的“母亲河”，更是连接哈市人民与全中国、全世界人民的友谊纽带，在无限的伸展，伸展……

在长达六个月的冬季中，不仅有冰灯盛会，还有冰雪节，冬泳赛、凿冰捕鱼等等非常有趣的活动，这一切构成了冰城那富有情趣的冬天！

[评析]

这是一篇构思很巧妙的文章。没有去过哈尔滨的人，只知一个字“冷”，但怎么个冷法，不去体验一下是无法真正理解的。文章取题《冰城之冬》，把哈尔滨称为“冰城”名副其实，又写其“冬”，就这个题目已够瘆人的了。但读后，-40℃的气温并不使人感到冷，却有一股暖融融的热劲儿，你不能不承认作者笔下的功夫。

首先，是那份情，那份关东人所特有的热情。“这里的生活却是火热而奔放的”，作者的热情与哈尔滨人的热情，自然驱散了大自然那点寒意，“皑皑白雪”恰成了这幅热气腾腾的生活画面上的点缀。那“蹬着紧身的牛仔裤”“足蹬六七厘米高的高跟儿皮鞋，行走如飞，姿态翩翩”的哈尔滨姑娘；那“灯火通明，热闹非凡”的冰雕盛会；那拉着“雪爬犁”，“飞奔欢笑”着的天真的孩子们；那“驾着冰船在冰面上飞驰”的小伙子们，才是这画面的主体，那豪放的热情才是文章的主旨。

其次，是作者的文笔。自然、亲切，把冷热反差自然融于笔端，才收到如是效果。

三个小标题的安排，说明作者极熟悉哈尔滨的冬天的特点，才能抓得准、选得精、排得巧。

当然，作为一个长春姑娘，对关东的气候、关东的风情、关东的人情、关东的生活观察细致、体验深刻，是文章成功的根本。

[例文41]

南京盛夏之热

南京师大附中高二　张人健

油漆的方凳变得黏黏糊糊，热烘烘的空气就像长了一只无形的巨手，一直把我推搡到门外。屋外面似乎有一股更强烈的热浪。只有这顶巨扇似的屋沿下，还稍许有些温凉。

我拿了把小竹椅，轻轻放在门口。望着夕阳落山的雄浑景象，我陷入了沉思：高温持续了近一个星期，人们是怎样熬过来的？仅从我个人的体会来看，这很像是在进行一场艰难的战斗。一柄小小的芭蕉扇（这是我“战斗”的武器）已被扇坏了。更不用说一天下来身上的汗水了，贴身衣服没有一丁点儿是干的，水淋淋，湿漉漉，活像是刚从水里捞上来的。但你还就是不能想到“热”，一想到这个字，顿觉浑身毛炸炸，仿佛全身的血一起都往头上涌。

我想家门口这一排排整齐的冬青树的个性，也许和我差不多：宁愿面临严冬的考验，也不愿接受酷暑的熬煎。你看，遍地灌木丛已被骄阳打得奄奄一息，垂丧着脑袋；干渴的土地裂开条条缝隙，对着万里无云的天空。没有一丝儿风，常青的乔木，像经最严格的将军训练过似的，笔直地挺在那儿，就连它满头碧绿翠发也纹丝不动。只有会要赖的蝉儿，趴在树梢上，扯开嗓门拼命怪叫，唯恐不能给人们增添烦恼。稍稍把目光拉远一点儿，就能望见被太阳晒得冒缕缕青烟的球场上，不知谁家在那儿搁了几只敞开盖子的木箱，里面的衣服都被太阳晒得变了颜色。

慢慢地，太阳望不见了。火红火红的晚霞，顶替了太阳在我们的头顶上值班。沉闷的空气重重地压在心口上，叫人喘不过气来。好在时间的车轮是不理会这一切的。地球依旧按照二十四小时一周的速度进行运转。八点钟以后，晚霞终于恋恋不舍地褪去了最后一丝红色。

室温并没有降低多少，但睡意却按班就点地顺着鼻梁爬上来了。我在朦胧中瞧着一弯新镰似的月牙，悄悄祝愿：但愿凉风能随着甜梦一块儿来。

[评析]

“热”是什么样？似乎很抽象，可处在炎热天气里，人的感觉却是非常具体的，尤其是生活在我国三大火炉之一南京市的人们更有具体体验，张人健就是其中之一，他借自己的感觉、周围的事物，写出了南京盛夏之热。

开头写“方凳变得黏黏糊糊”，写衣服“水淋淋，湿漉漉，活像是刚从水里捞上来的”。实在是太热了，甚至不敢想到“热”字，“一想到这个字，顿觉浑身毛炸炸，仿佛全身的血一起都往头上涌。”这是个人感受。

热天里，周围的事物怎样，怎么就能表现出热呢？作者写冬青，写常青乔木，写蝉儿。这些都是人们常写的。写敞开盖子的木箱，“里面的衣服都被太阳晒得变了颜色”一笔，写出了特色。太阳落山了，晚霞又代替了太阳，还是叫人喘不过气来。直到“睡意却按班就点地顺着鼻梁爬上来”也还是热，只是祝愿“凉风能随着甜梦一块儿来”。

作者对周围事物观察细致，又长于写自己的感受，情寓景中，在描述之中潜流着感情。拟人的手法运用得比较自如，产生了好的效果。

[例文 42]

大自然的礼物

北京景山学校六年级　戎　楠

大自然是神奇而大方的，它带给我们可爱的小院和善良的人们一份奇特的礼物。

这是八月的第一个傍晚，一个赋予人们希望和幻想的傍晚。

晚饭后，闷热的空气越发使人感到窒息。灼热似乎要显示出它不可抗拒的强大力量，于是用一幅帷幕把大地严严实实地罩了起来。空气中弥漫着一种莫名的烦躁。那幅巨大的帷幕在沉闷的空气中变深，变灰，变得更加密不透风。

雷声从远处滚滚而来，扯破了灰色的帷幕，它是雨的前奏。这是最忙乱的时候，小院里像遭了劫一样，人们忙着收衣服，推车，打水。顽皮的孩子在院里窜来窜去。一阵紧张之后，小院恢复了往日的平静。

终于，响起了雨的协奏曲，雨点卷着芳香的泥土气息，冲进了灰色的帷幕，要把它扯个粉碎。

天空更阴森了，张着一副恐怖狰狞的面孔，但这只是最后的挣扎。阴郁和沉重终于退却了，明朗和轻快代替了它。

雨滴被叶子映成绿色，这绿的天使给了我们这样一个启示：邪恶的势力不管有多大，它终归是不能长久的。

雨匆匆来了，又匆匆地走了，只留给我们长久的沉思。

我对暴雨有特殊的偏爱，它来得快，去得也快，并不像三月的雨那样缠绵、羞涩、情意深长；它刚毅、豪放，毫不拘泥，甚至带着几分野性。它大方地施舍它的恩惠给人间，刹那间就冲刷了一切一切污垢，卷走了消沉、冷漠，留给我们的是热情和奋斗的勇气。它以自己的坦诚、开朗、天真和幼稚，捧出一个美好的世界。人们的心灵在雨中得到净化。

雨过天晴。

天空架起一座七色的拱桥，它在空中画出一道长长的弧线。这拱桥有个很好听的名字，叫做彩虹。年轻的爸爸妈妈，年老的爷爷奶奶，活泼烂漫的孩子和咿呀学语的婴儿都出了屋门，共同分享彩虹带来的欢乐。

彩虹要算是世间最美好的东西啦，或许人们看了彩虹才会懂得“美”的真正内涵。它包罗了世间一切的一切：有太阳的红色，有朝霞的橙色，有迎春花的黄色，有树叶的绿色，有萌动的小草的青色，有海洋的蓝色，有牵牛花的紫色。她并不艳丽，所有的颜色都是淡淡的，但谁都知道她是善良和朴实的象征。

彩虹跨过了屋顶，跨过了柳叶，跨过了葡萄的卷须，跨过了滴水的草尖，跨过注满雨水的蓓蕾，也跨过我们的心灵。它跨过了整个世界，却又映现在我们的眼睛里，它无限大而又无限小。它虽然凝滞不动，但人们从中感到一种无时不在的生命力。

彩虹慢慢消失了，它融化在天空中，也融化在每个孩子心里，成为一个永远不会凝固、不会萎缩的梦。

小院本来是很美的，加上彩虹的美，就显得更加妩媚可爱了。虽然黑云的势力依然残存，它们像一块厚厚的绒毯铺在天空的一角，却又被红霞染得发紫。恰似一个熟透了的茄子。其余的天空布散着明净的蓝色，好诱人，好可爱，那是自由女神坠地的长裙吧。天空的最北端，云的颜色分布得很不均匀，好像是农家自染的印花土布。画上的云，比起空中的云，实在是太逊色了，因为它们是在一个平面上，而空中的云却让我们着实感到它的厚度和柔软。

在广阔的天穹下，夕阳的余辉为一切镶上了金边。在这金色的世界里，瓦檐在滴水，蝈蝈在鸣叫，绿叶在向空中伸展。

幕色降临在小院里。

我们小院里善良的人们，谁能不这样说："我们热爱今天。"谁能不这样想："明天天空会更蓝，叶子会更绿，花会更美，看彩虹的孩子会更多。"

[评析]

这篇文章是夏日雨、虹的赞歌。小作者把雨、虹看成是大自然的馈赠，既是礼物就要收下，作者正是以她独有的感受力，细细品味，诚心接受了这份礼物。文章写景写人的活动，无不以抒发感受为线作贯串，捧出一怀纯真、美好的思绪，给读者以一定的美感和启示。

写虹的一部分更好些。写虹的颜色，自然界中所有的色彩它都有，显示了虹的丰富的内涵。写虹的姿态，用了一连串的排比，以"跨过了"为开头的一组句子，写出了虹的拱形、弧形，写了它的修长，像跨过了整个世界，写虹消失了，说"它融化在空中"。

作者和小院里善良的人们正是在大自然的给予、照拂下，对明天怀着更美的憧憬。

[例文43]

月　夜

天津南开中学高一　张进武

一缕清柔的月光透过窗子，洒在了窗台上，窗台上宛若镀了银，我猛然记起，已快到中秋节了，现在正该是满月的时候，这时的月儿一定很美吧！

我下得楼来。好圆好丰满的月啊！远处还稀疏着几颗闪闪烁烁的星星，更给这夜增添了几分诗意。

沿着通往花园的小路，我漫无目的地走着，整个世界仿佛沉浸在银色的月光的海中，烘托出一片温暖、静谧的夜。我也置身在这月光之海中了。月光洒满了我的衣服，温暖着我的心——我觉得太阳的温暖过于热烈奔放，星光又含蓄孤远了些。只有温柔恬静的月光，才能这般地恰到好处。月华覆盖着整个大地，我的周围被月光照得雪亮。远处冥黑的夜空被庄严地染得漆黑，世界完全笼罩在圣洁的气氛里，我的感官模糊了。心灵也在这圣洁中升华。

不觉已来到花园的门口，我顺着园中小路，走到一个池塘前，池塘很小，平时活泼的金鱼儿，却静静地待在那，可能是睡着了吧。池塘中间是一座鬼斧神工的山石，在月光的洗涤下，更加情趣盎然，如画中一般。月儿映在墨绿色的池底，被水一洗，显得分外明澈、高远，就像蒙娜丽莎迷人的眼睛令人心驰神往。一阵风儿拂过，在平静的池水上划出一道浅淡的波痕，池水微微漾起，轻吻着山石，发出轻轻的金属般的撞击声，在宁静的夜中显得分外轻悠……

小道旁，大朵大朵的菊花沐浴在月光里，被风儿吹得在睡梦中也露出了欢欣的笑容。

转过池塘，我坐在蘑菇亭下，抬起头来，仰望着无尽的苍穹和那苍穹中的明月。思绪便如脱缰的野马飞驰在无际的原野——这纯洁的月光啊！我今夜终于体会到了你博大的自然气息。“明月几时有，把酒问青天，……人有悲欢离合，月有阴晴圆缺，此事古难全，但愿人长久，千里共婵娟。”我远在异地的朋友噢，此时也一定会在这美丽的夜里，遥望着月儿吧！

不知不觉中，我已陶醉在温柔的夜里，意识逐渐模糊了，整个身心在不断弥散，仿佛已融化在浩瀚的宇宙之中……

不知过了多少时候，一缕清凉的风送来，我蓦地被惊醒，这才忆起——该回家了。

[例文44]

月 夜

北京景山学校九年级 赵 磊

深夜，我又打开半年前堂兄从台湾经香港寄给我的信，虽然我们堂兄弟没见过面，可骨肉之情，血统之缘，总是相思缠绕，情丝绵绵。每读起这封信，心潮起伏，热血沸腾，心情久久不能平静。

读完信，抬起头，闭上眼，遐想万千。睁开眼，朝窗外看，一缕月光透过窗棂一下推开了我的心扉。我经不起这诱人的邀请，将手中的书信叠好，轻轻地装进信封里，熄灭案上的灯，轻手轻脚地踱出了家门。

出了门，眼前忽地一亮。我闯进了一个银色的，充满诗意的世界，万物都镀上了一层银白色。好一个圣洁的月光世界！

我深深地陶醉了，静静地立着，一动也不动。许久，才举目望去，啊，月亮丰满圆润的倩影映入了我的眼帘。我不敢多看一眼，生怕她如少女般羞涩地避开。我只是任她抚摸着我，也抚摸着远在台湾岛的亲人。

四周一片静谧，唯有沙沙的脚步声和着夜风的微鸣，交织成一首小夜曲在耳边时时回荡。伴着这美妙的音符，我携着月光的手，漫步在月的华盖下。

我有一肚子的话想呼喊，呼唤我的亲人，让这呼唤声越过高山，飘过大海，送到亲人的耳畔！

路边的树木尽情地舒展着近乎光秃的枝条，仿佛牵住了月光的手。枝条的倒影在地上织成了一张网，罩住一片片的落叶。我便踏着稀疏松软的影子与叶子漫步前行。

我又望望明月，忽然想起信中两句李白的诗："举头望明月，低头思故乡。"这诗表达了台湾亲人的思乡之情，也拨动了我的心弦。堂兄在信中描写了日月潭的明月，他说日月潭的明月固然很美，可思念故乡的情绪更是萦绕心头："同是华夏人，相思各一方。何时能相聚？只有在梦乡。"可见亲人是如何想念自己的故乡。但如今"只有在梦乡"这句不确了，台湾已有不少人回内地和亲人相聚，我的亲人也会回来的。我等待着……

我抬眼望着月亮，她圆圆的脸，笑了。苍穹中几颗星星也调皮地朝我眨着眼……

噢，我知道了，会有这一天，一定会有这一天的。

［评析］

天津一位张进武，北京一位赵磊，同写《月夜》，景相似而情各异，写作对象相同，入笔方法又各有不同。

即景生情，情景交融，是这两篇文章的共同之处，他们尽力描绘如画般的景致，如诗般的情怀，作者们从月夜中领略了"博大的自然气息"、"圣洁的月光世界"，对大自然和广阔的宇宙有了新的认识，使景色得到了升华。月夜中涌起的思亲念友的心绪，"但愿人长久，千里共婵娟"、"举头望明月，低头思故乡"，心灵也得到了升华。

例文 43 的一篇《月夜》以游踪为线索，景随步移，一步一景。静谧的夜，明媚的月，月光中的小池塘，那么宜人，那么圣洁。从全文的气氛格调看，有仿朱自清先生《荷塘月色》之嫌，但是朱老先生感到的孤寂他没有，他想到的是"我远在异地的朋友噢，此时也一定会在这美丽的夜里，遥望着月儿吧！"朱老先生闹中求静，暂避一时的心绪他没有，他感到的是大自然的圣洁。呼唤的是朋友之间心心相通的情谊，是身心的陶醉。可以说"仿"中尚能出"新"。

例文 44 的一篇《月夜》把思念台湾亲人的感情倾注在明月身上，以思亲为线索。从台湾堂兄来信引起的"相思缠绕，情丝绵绵"写起，遐想万千，于是到月色中去舒展、寄托这种思念，最后明月暗示他会有团圆的一天。文章集中而完整。文章妙在把月亮完全拟人化。刚见时

"月亮丰满圆润的倩影映入我的眼帘。我不敢多看一眼，生怕她如少女般羞涩地避开。我只是任她抚摸着我，也抚摸着远在台湾的亲人"。接着写人融入月色中，说"我携着月光的手，漫步在月的华盖下"。最后，是月亮圆圆的脸，星星眨着的眼睛给他以团聚的希望。正是因为把思念之情融于这月夜之中，才能写出这富有情怀的想象，这绝不是巧弄墨笔者、无病呻吟者所能达到的境界。

[例文45]

小雨和蓝天

北京景山学校高一　李　悦

我喜欢如牛毛般的绵绵细雨。每当下起这样的小雨，我就会有一种冲动——到雨中去漫步。在雨中倾听万物的声音，呼吸洁净湿润的空气，那真是种奇特的感受，让人觉得这样的雨天浪漫而多情。在这样的雨中，打着伞的也会合上，谁不想和这细雨多亲近些呢！小雨像一只温暖湿润的手在抚慰你，令人忘却了好多的不快，让孤单的人觉得多了个伙伴。在雨中的人，心中也会下雨，快乐的精灵在雨中飞翔，引着你的思绪遨游。多少诗的精华，画的意境随着这雨降临人间。

雨天多了，我又念着晴天了。给雨困在家中的时间一长，我才发觉那晴空万里的蓝天对我来说，并不亚于那温柔的缕缕雨丝。

在晴朗的蓝天下，我的心情总是格外好些。每次看到湛蓝的天空，我都像个刚发现它的孩子，睁着兴奋的眸子仰望，想发现它的奥秘。天空的蓝色会慢慢浸入我的心田，让我的心胸变得像蓝色的海洋一样宽广。空中飘过的白云，带走我心里一片又一片的烦恼。时而飞过天空的鸟儿就像海中的游鱼，捎去我无数个美好的祝愿和梦幻。有时候我想，我们大家都该是蓝天的孩子。在蓝天下，让阳光照在你身上，你会从中得到力量和信心，你的心灵会变得和蓝天一样纯净、安宁。在紧张的都市生活中，让我们多抬头看看头顶上这片蓝天，想一想在你、我、他的心中是否留有一片“蓝天”。

小雨和蓝天都是我喜欢的，小雨虽然美到了极点，但柔了一些；蓝天固然广博无垠，却远了一点。我不知道自己更喜欢哪一个，但我知道，这世界上若没了小雨和蓝天，就不会有那么缤纷多彩、快乐幸福的生活了。

[例文 46]

海啊，海

天津南开中学高一　祝　晶

天阴沉沉的，海灰蒙蒙的，海天被茫茫雾气融为一体。云没有轮廓，浪缺少层次。

沙滩就在脚下，海便在眼前了。

撑一把小伞，拎起鞋，高一脚、低一脚地走向大海。沙滩细软、潮湿、冰冷。迎着强劲的海风，呵，好冷！深深地吸一口气，让那夹着淡淡的咸腥味的气息在胸腔中回荡——海的气息，久违了！

海真的在我身边了。

坐在沙滩上，把伞丢在一边。雨原来并不小，只是面对苍茫的大海、空旷的沙滩不留一点痕迹，不露一点声息。

不远处几个人，或弯着腰，或跪在沙滩上，尽情领受大海的馈赠。潮退了。

闭上眼睛，静静地，渴望倾听浪冲击岩石时那一瞬间的轰鸣。我失望了。我突然发现这里竟没有一块岩石。满怀激情的浪向岸边冲来，只得悻悻地退去。海沉默，却无法使人联想到安详、温柔，她是庄严的、肃穆的、深沉的。我有一种压抑感，想大喊一声却喊不出；我想找块石头，去激怒大海，却没有，只得抓一把细沙，高高地向海中抛去。沙子散入水中，没入浪中，没留一个涟漪。我默然，感到冥冥之中一种气势，一种威压。

海啊，海！

雨依旧下，头发湿漉漉的，脸冰凉。浪滚滚而来，又很快退去，冲得下一个浪失去了气势。天边飘来一叶白帆，又穿入云中去了。

海真的让我失望了吗？

不远处海面上，一个小红帽一闪一闪，接着传来一阵欢快的笑声，在浪涛声中格外响。两个十八九岁的姑娘手拉手踏浪而来。一个穿着蓝色的游泳衣，白色的边。真美，蓝的是大海，白的是浪花。另一个穿着红色的泳装，红红的小帽，红得耀眼。像什么？想不出，只感到洋溢着朝气和活力。“真冷！”她们快活地尖叫着，有点发抖，就沿着沙滩拼命地跑，仍旧笑着，那笑声好久不散……

不知不觉，雨停了。沙滩上撑起了五颜六色的伞，人声不绝于耳了。太阳出来，天蓝蓝，海蓝蓝，海天的调子豁然明朗，富有层次。

“这才叫海！”不知谁在说。果真吗？

站在沙滩上，海风拂面，温暖的海水舔着脚，时而没过膝，打湿了裙脚。浪退去。感到细沙缕缕流回大海。要是一直这样站下去会越陷越深，最后沉到泥沙下去吧。

半躺在救生圈上，拼命用脚打着海水，回头再看，几乎没有动。在海的怀抱中，人太渺小了。我似乎与大海融为一体，随着层层浪涛荡漾，起浮。

上岸，立时感到一阵凉意。在沙滩上躺个大大的“大”字，把细沙浇在身上。阳光和煦海风轻柔，晒得人懒洋洋的。歪头望着大海，望着沙滩上的人们。几个小男孩头对头，把屁股翘得高高的，兴致勃勃地修筑他们的工事。一个巨浪袭来，填平沟壑，摧毁了高高的城堡。他们不灰心，依旧兴致勃勃……

我爱海，因为她是“海”，她是富于变幻的、多层次的、立体的海……

［评析］

写自然风光，绘景状物易，写出情致难。情致即情趣和风味，情要切趣要真。《小雨和蓝天》、《海啊，海》就写出了自然界的情致。

读了《小雨和蓝天》人们会觉得，人和自然是那么贴近，自然是那么有情有义。作者说：“在这样的雨中，打着伞的也会合上，谁不想和这细雨多亲近些呢！小雨像一只温暖的手在抚慰你……”写到蓝天，他说：“有时候我想，我们大家都该是蓝天的孩子。在蓝天下，让阳光照在你身上，你会从中得到力量和信心，你的心灵会变得和蓝天一样纯净、安宁。”这么有情致的小雨和蓝天，由于观察体味得太细致了，竟发现了它们的弱点：“小雨虽然美到极点，但柔了一些；蓝天固然广博无垠，却远了点。”致使作者“不知道自己更喜欢哪一个”。但他知道“这世界上若没了小雨和蓝天，就不会有那么缤纷多彩、快乐幸福的生活了”。

《海啊，海》是从大海不停的变幻中写出海的情致。阴雨中的海“云没有轮廓，浪缺少层次”，雨“不留一点痕迹，不露一点声息”。作者还借自己的感受写海的沉默压抑：“我突然发现这里竟没有一块岩石。满怀激情的浪向岸边冲来，只得悻悻地退去。”浪的悻悻其实是作者的悻悻、失望，他“想大喊一声却喊不出；我想找块石头，去激怒大海，却没有，只得抓一把细沙，高高地向海中抛去。沙子散入水中，没入浪中，没留一个涟漪”。真是写足了海的沉默的性格。当不远处来了嬉水少女的笑声，“太阳出来了，天蓝蓝，海蓝蓝，海天的调子豁然明朗，富有层次。”晴空下的海又是另一样情致。作者还是借自己的感受写海：“在海的怀抱中，人太渺小了。我似乎与大海融为一体，随着层层浪涛荡漾，起浮。”随着景物变幻的描写，作者表现了自己感情的变化。由深沉到明朗，由默然到畅然。

两位作者对景物的观察是细腻的，对景物的描写更富情致，抒发的情感是真挚的。

［例文 47］

雨　花

北京景山学校高一　李　慧

随着年龄的增长，对某些事物总能看出一些不同，悟出一些新意来。

小时候，看着地上溅起的朵朵雨花，我总是愣愣地出神。我看着雨花朵朵绽开，又倏然隐没在水洼中，听着屋里“嘀嗒”的钟声和屋外“嘀嗒”的雨声，然后呼一口气，在玻璃窗上呵出一张“图画纸”，再在上面画雨花，那时的雨花只给我带来孤独和寂寞，因为我得了“水痘”，我才五岁，爸爸妈妈要去上班，只好把我一个人锁在家里。

现在我长大了，会思考了，我总是有意地去看雨花，甚至有时会在雨天一个人跑到公园里，立在湖边，凝视水面，欣赏、体味这一情景。

晶莹、细小的雨珠密密地连成雨丝。雨丝来自天际，在那广阔无垠的天宇中好像有无数个蚕茧，地上又好像有无数双手在忙碌地抽丝。那雨丝也怪，竟抽之不尽，敛之不完。雨丝是纯洁的，因为天宇中没有邪恶，没有污点，雨丝伴着清爽、素雅和迷蒙来到人间。

雨丝无声地落在水面上，猝然溅开，有趣地形成一簇簇素色的花朵，花瓣清亮透明。雨花一扫秋菊之妖冶，牡丹之艳丽，只在水面上灿然一现，仿佛不胜害羞似的，随即又在水面上漾起一个个小小的“酒窝”。

这不是很迷人的景致吗？当你看到那玲珑小巧、清新俏丽的雨花时，你是否也会和我一样伸出手，去抽一缕神妙的丝，去摘一朵神妙的花呢？你是否会和我一样，深深地迷恋深深地陶醉呢？雨花给人的感觉是深刻的，然而你却不能留住它，你也无法捕捉它，雨点落到人们的身上、脸上和脖子里，然后倏地变成一滴小水珠不见了。

雨不停地下，雨花不断地绽开、消失。有人说难得昙花一现，人们非常珍视昙花，是因为它开花时间短，还是因为它的艳丽？而雨花默默地来，匆匆地去，从不被人注意，它不会使人们有看到落叶凋花时的黯然神伤，因为它不会凋谢。它被大地吸收，汇成地下甘泉滋润秧苗；它被江湖吞并，汇成一支雄壮的队伍。

雨花层出不穷，却瞬间即逝；它无声无息却又像在默默地诉说着什么；它为人间奉献了自我，给人们留下美好的遐想……

我深深地喜欢这素色的花朵。

闭上眼睛，我似乎也轻飘飘地置身于天宇中，我也加入了那丝的行列，落到水面上猝然溅开，变成一朵小雨花了……

［例文48］

听　虫

北京景山学校九年级　刘汝旭

深夜，月儿在云隙里时隐时现，几颗小星星零落地闪着暗淡的光。

我躺在床上，辗转反侧，心中很烦闷。刚刚考完试，我的成绩糟透了，真不知今后该怎么办。起身打开窗，萧瑟的秋风扑面而来。楼群静静地矗立着，像一尊尊沉默的雕像。立交桥上纵横地闪烁着昏黄的街灯。四下里很静。

忽然，楼下传来清脆的鸣叫声。哦，是虫鸣。

先是一声突起，继而群虫应和。声音有高有低，有粗有细，时疾时缓，时作时歇，仿佛虫儿们在听从一位高明的乐师指挥。我被这饶有情趣的虫鸣吸引住了。举目遥望，乌云散去一些，月光似乎皎洁多了，星星也增添了光彩。美丽的夜景使我暂时忘却烦恼，回到床上，聆听着虫儿的清鸣睡着了。

不知什么声音把我从睡梦里惊醒。哦，起风了，还下起了小雨。月光、星光全然不见，视野中一片漆黑，只有街灯闪着朦胧的光。风声雨声交杂在一起。我侧耳静听，虫鸣声并未停止。风雨就好像是阵阵涌动的潮水，喧哗着卷过去，卷过去。而虫鸣声如同水浪下面的金沙，随波奔涌，不时地闪耀出夺目的金光——那是几声高亢的鸣叫，顽强地冲破风雨的围拦，跳起来，又低下去，消逝在昏黑的雨夜深处……远方响起沉闷的雷声，雨点狠狠地砸在窗玻璃上。虫鸣声依然隐约可闻。雷声更大了，风雨声更猛了，但在它们歇息的片刻，依然有虫儿不甘屈服的歌声傲慢地传来，令我惊喜，令我感奋！

我蓦然感到，我不应当颓唐下去——那虫声不是给了我一种生命的启迪吗？秋虫送来的天籁之曲啊，愿你带给我一个清朗的黎明。

[例文49]

飞　蛾

北京景山学校九年级　戎　楠

河滩上，我们围坐在篝火旁。子夜如墨一样黑，苍山反倒成了暗灰的剪影。苍白的下弦月沉没了，除了火的光亮，只有几点若隐若现似黄似绿的光斑在远远的河面上飘游不定。人的脸被忽明忽暗的火光映着，闪烁着迷离神异的光彩。我们隔着火静静地望着。看不见河水，只听见它哗哗地流淌，很急。从弥漫的水雾看来，河水已经漫到了岸上，我们所坐的沙地仿佛已有些潮湿。在这样的夜里，山是温厚可靠的，水则显得诡秘莫测。我背对着山，觉得很踏实，眼睛紧紧盯住发出水声的方向，心里渐渐溢满了强烈的悲哀。

近处、远处山的轮廓和影子，人困倦的面孔，慵懒的火苗，喧响的水声，河水漫过的草地，遮掩了光斑的水雾都充满了悲哀，而我心里的悲哀更是由来已久。当我在火车上望见颜色苍老的农田，漠然躬身劳作的农民和撒着泛黄的纸钱的孤坟时，这悲哀就在我心里偷偷蔓延着了。

在天地、山水的怀抱里，我一点也感觉不到人作为万物之灵的至尊。

我们的文明像那个贫苦农民的衣服一样褴褛，我们置身于自然中就像他们站在超级市场货架前一样手足无措，格格不入，而我们的苦难就像农人眼角的纹路一样深重。为此，人类才寻找欢乐的源泉。

有人在火里加了柴，火燃旺了，发出毕毕剥剥的爆裂声。许多飞蛾朝火里飞来，发出微弱的一响，身体就在火里卷曲、枯焦，和灰烬化为一体了。然而，仍有飞蛾不断扑来。可敬的生灵啊！其实它在远处肯定就已感受到灼热，却循着死亡飞过来。“看看它们吧，一辈子就为了这个，唯一的作用就是给我们的火增加一点燃料罢了。”有人这样说。

空间里填满了寂寞。水流声更响了。

面前是黑暗，河水在黑暗里曲折地恣意穿行；背后是黑暗，山峰在黑暗中沉稳地矗立着。在动与静之中，人孤独地与火和扑火的飞蛾相对，人的思想清晰而单纯。

人寻找欢乐的源泉，为的是带着整个灵魂融在自然之中，而不是背着精美食品，穿着昂贵的衣服闯进来。

飞蛾的身体太渺小，我们的篝火对它们来说是一望无际的火海。当它们迷失了方向，用尽了气力，忽然望见一片蓬勃温暖的金火焰在舞蹈，它们肯定快乐到了极点，因此它们也狂舞起来，决然扑进去，化成一条闪闪跳跃的火苗。在这一瞬里，它们怎么能感到灼伤的痛苦呢？它们把整个生命都交给了欢乐的极巅。

假如人像飞蛾一样渺小，在这样欢乐的火海前面，我们是否也会快乐至极，忘乎所以，奋不顾身地加入进去，葬送自己的肉体，升华自己的灵魂呢？这样的人，想必有一颗烈火一样的心。

事实上，不正有许多人这样做了吗？他们加入了人类历史轰轰烈烈的进程，他们因此也被自然接纳，获得了永生的心灵。这心灵早已摆脱了悲哀，它定然无比欢乐，无比骄傲，无比自由！

如果许许多多心灵摆脱了悲哀的纠缠，那么整条生命的河就获得了许许多多活泼的水流，它依着伟大的流向，将壮烈而热情地奔涌，奔涌……

[评析]

也许大自然本身就充满了哲理，人们的许多观念来自人事，也源于自然。种种的自然现象，往往引起人们深深的思考。《雨花》、《听虫》、《飞蛾》三篇习作，就达到了这种境界，都是从眼前的自然现象得到启发，悟出了富于哲理性的结论。这是触景生情文章的又一种类型。

看到雨花似乎听到了它的诉说：“为人间奉献了自我，给人们留下美好的遐想。”“秋虫送来的天籁之曲”，使“我蓦然感到，我不应当颓唐下去——那虫声不是给了我一种生命的启迪吗?”飞蛾投火回答了作者心中的疑问，人类是怎样寻找欢乐的？把飞蛾的投火，与志士仁人的献身联系起来。

三篇文章对所写的景物都有精彩的描写。

《雨花》的作者文笔轻松、抒情，想象新奇，她把雨丝比作蚕丝：“雨丝来自天际，在那广阔无垠的天宇中好像有无数个蚕茧，地上又好像有无数双手在忙碌地抽丝。那雨丝也怪，竟抽之不尽，敛之不完。”作者还连用了三个反问句，借问自答，突出了雨花的特点——清新俏丽。

《听虫》中精彩的一段是写虫鸣。开头作者心情“烦闷”，文章的调子低沉，虫鸣出现后节奏渐渐鲜明；风雨声加入进来，虫鸣声更加高亢，直到闷雷响起，与虫鸣交织，节奏激扬，形成了高潮。

《飞蛾》描写蛾的语句不多，但飞蛾的壮烈形象是鲜明的：“许多飞蛾朝火里飞来，发出微弱的一响，身体就在火里卷曲、枯焦，和灰烬化为一体了。”作者还作这样的设想：“当它们迷失了方向，用尽了气力，忽然望见一片蓬勃温暖的金火焰在舞蹈，它们肯定快乐到了极点，因此它们也狂舞起来，决然扑进去，化成一条闪闪跳跃的火苗。”

三篇文章景与情融会得自然，风格又迥乎不同。

《雨花》点明中心的部分，多用抒情手法，谈天的口气。“雨花默默地来，匆匆地去，从不被人注意，……它被大地吸收，汇成地下甘泉滋润秧苗；它被江湖吞并，汇成一支雄壮的队伍。”语意含蓄，决不强加于人。

《听虫》比较注意在写景中渗透心情，用一些关键性的字眼来含蓄地抒怀，如“奔涌”、“闪耀”、“高亢”、“顽强”、“不甘屈服”、“傲慢”等。这样结尾处的几句议论就画龙点睛，水到渠成了。

《飞蛾》的议论比较庄重严肃，她先大胆地用大量篇幅充分地抒写自己心中弥漫着的“悲哀”，提出人类“寻找欢乐的源泉”的问题。在经过了对飞蛾投火的描写后，把飞蛾和志士仁人相比照：“他们加入了人类历史轰轰烈烈的进程，他们因此也被自然接纳，获得了永生的心灵。这心灵早已摆脱了悲哀，它定然无比欢乐，无比骄傲，无比自由!”直接抒情议论的句子较多，写得清晰奔放。当然，把飞蛾投火比成志士献身难免牵强，似乎是不好这么类比的。但一个十几岁的少年，触景生情，能从大自然中寻找到解决心头苦闷的答案，是不应受到责备的，何况这种心境是“真”的，也并不乏积极的意味。

[例文50]

星空夜曲

北京景山学校九年级　李　悦

前年夏天，我随父母去一个海滨小城度假。在那里，我见到了最大最美的星空。

记得那一天，我漫步在海边。夜幕降临了，空中神话般地闪现出万点星光，时明时暗，神秘莫测。谁也不知道星空是怎么出现的。

星空像穹隆似的，笼罩着大地，也罩住了海。星星是那么高远，清亮，直到海天交界处，还可以看见一闪一闪的星光。多大的星空啊！

小时候住在上海市区，那里高楼林立，街道狭窄，站在马路上看星空，只能望见狭长的一条。眼下看到的星空，比海都大，给黑色的天幕一映衬，更显得广阔无垠。

星星映在海面上，时而汇成一片，时而散作无数点荧光，闪闪烁烁，明灭可见。星光洒在礁石上、沙滩上、树枝上，洒在小城的街道上、烟囱上，洒在游人的脸上、心上。这时，城中亮起了灯火，颇似人间的“星光”，从灯火密集处还隐隐地传来歌声。天上、地上、海上，到处都有“星光”，交相辉映，简直是仙境了。渐渐地，一切都变得朦胧、渺远。这景象让我感受到了一种神奇的乐音，并不能真切地听见，但确实就回荡在我心中，汇集了一切美好的情感。

这乐音游移着，起伏着，融化在星光里，仿佛是星星失落在人间的梦，与我的心声共鸣，这正是我多年梦寐以求的东西啊！

在浩渺的星海中，一颗星星是渺小的，但它从不埋没自己的光芒，只要天气晴朗，总能看见它在尽全力地发光，给天空增添了特有的诗意。在广大的世界上，一个人是渺小的，但一个乐于同星星交流感情的人，他或许能干成一两件不小的事情，因为他心中时时有星光在闪耀，胸怀也会变得广阔，不会让蝇头小利牵着鼻子走。这就是我向往星空的根本原因吧！

夜更深了。星光下，大海边，一行长长的足迹绵延在我的身后，一支奇妙的乐曲回响在我的心中。

[评析]

星光本无声音，星空也无韵律，却偏偏定题为“夜曲”，奇就奇在这里，如果不是用整个心灵去与自然景物交流，断然不会写出这样奇特的内容。

作者把星空下的神奇感受借“乐音”加以展示。这乐音讲述着星星的渺小，也讲述着星星“尽全力地发光，给天空增添了特有的诗意”。这乐音使“我”的“胸怀也会变得广阔，不会让蝇头小利牵着鼻子走”。这就是星星给作者的启示。

文章描写天上的星与人间的星交相辉映一段很精彩。用星光下的事物、人作衬托，写出了一个神境。

［例文 51］

竹　忆

南京师大附中初二　王树萱

犹如一朵美丽的、飘流的云，永远逝去了——我生活在农村的岁月。可小河两岸、石桥边上那片竹林，留给我的一份美好的回忆，却像埋在心中的一片云，不时萦绕在我的梦境里。

那是一片很浓密的竹林，童年时，那里是我的小天地。

那片竹林十分浓密，十分翠绿，在它们的脚边还有一些不知名的，但又很漂亮的野花。还有一片片静静的，柔柔的小草，绿得叫人心醉，踩在上面软软的，似铺了一层地毯。真是一块玩耍的好场地。

那时的我，常身着小花褂，头戴精心编织的花环，提着一个小竹篮，在竹林里漫游，玩累了，就躺在“地毯”上舒舒服服地睡一觉。每到这时，我都会睡得很甜很香，醒来时，我会为自己又做了一个好梦而高兴。不知竹林里有什么“魔力”，那时，我的梦都是美好的，在我的梦里有的只是快乐。

可是有一天，突然来了几个人，说这竹林风水不好要砍了卖掉。于是，任凭我如何哭闹，终究还是砍去了，只余下一片孤零零的竹根。我对此很是伤感了一阵。

或许纯洁的童心是最幼稚也最真诚的，那以后，我便不时地去看看那些悲切切的残根，心中也默默祈求它们在阳光雨露中复活。

秋天过去了，它们黯然沉睡。

冬天过去了，它们依然默默无言。

我终于彻底地绝望了，心中虽可怜那些寂寞的竹根，却也是只能把一份深切的落寞与凄凉埋在心底。

然而，出乎我意料的是，第二年初春，一场柔柔的春雨过后，我惊喜地发现那些残根周围竟发了好些绿芽，个个都在倔强地伸着头。当我怀着十二分的惊喜告诉外婆时，外婆却带着老人所特有的慈祥对我说："傻孩子，竹林怎会死呢?""身子没了，还不死吗?"我问。"它们的心没死哩!"外婆指着心窝说。

那时的我怎么也弄不懂竹怎么会有心。于是，便总有个小女孩静静地坐在小河边，痴痴地望着河水问：竹林怎么变活的？竹的心在哪里？河水轻轻流去，并不回答我……

春深时节，小河两岸又有了一层绿云。

[评析]

竹子亭亭玉立，清秀极了。这篇《竹忆》像它的题目，也是优美婉丽的。"忆"什么呢？童年的小天地？竹子被砍伐，童心被践踏的悲剧？都不是。只有读透人生的外婆那"身子没了，但心还没死"的话语，值得永远地记住。我想这便是文章的"魂"、"神"。

作者很擅写心情。快乐时，写做的好梦；悲伤时，写心中默默祈求竹子能在阳光雨露中复活；绝望时，说"只能把一份深切的落寞与凄凉埋在心底"；出乎意料时，写"静静地坐在小河边，痴痴地望着河水间……"

结句言已尽而意犹远。

[例文52]

乡间，那一片绿荫

华东师大二附中初二　张炼红

乡间，是树的天地。放眼瞧吧：河边，道旁，宅前，屋后，处处能见着树。年月久的枝杈嶙峋；正旺长的，壮壮实实；刚栽上的亭亭玉立……各有各的样儿，都喜着乡里人的心哩！

稍稍宽阔的小道两旁，栽着高大的梧桐。到了深秋、严冬，叶儿落了，只留下一串串“麻栗子”，高高地悬在枝头，在风里打着晃晃。仰望着这些毛刺刺、绿绒绒、圆溜溜的小东西，就会马上想起麻麻辣辣的“叩栗子”：小时候不听话，惹得大人生气了，就勾起粗实的手指叩你的小脑门……可谁也不会因此而记恨这些“麻栗子”，倒是挺喜欢的。

河边塘岸，常常是成行的水杉、丛丛的老树。水杉，生得一副秀里秀气相，细细的树枝，齐齐地分叉，叶儿窄窄，翠羽似的。水中，映着它们纤俏的身影，水面漾起轻波，它们也微微舞动，颇有一点儿灵气。

乡景乡情，是清幽的，也是粗犷的。水杉自然属于前者，那老树，便是后者的风物。它们，在曲曲折折的河岸，歪歪斜斜伸出枝丫。灰黑色的枝枝杈杈横纵交错，葱茏的草茎花蔓蒙络其中，愈显枯老，愈觉幽苍。有几株几乎横卧水面，临水的枝丫拨划着水流，时隐时现，挡了水路。好在如今有了大大小小的车，少了行船，人们也就任它们怎么长，倒是浓郁了乡野气息。

农家小楼的前前后后，树的花样最多，往往家里有什么苗，就栽上，眼见着它们慢慢长高、变粗。到了春末、盛夏，树叶绿了，遮了太阳。人们收工回来，能一屁股坐在树下凉快凉快，回味劳作的甘辛，尽够惬意的了！

乡里人向来实在，爱多种易长的树，巴望着十年八载能得个材料，往后积多了好造房、打家具。但，渐渐的，那些树里头越来越多地添着点什么，像桂花、玉兰、桃啊梨呀的。见着这一片片绿荫，人们更欢愉了。

淳朴的乡里人啊，眼里、心上，永远映着那浓浓的绿荫。这，莫不是乡间的希望？

[评析]

读了《乡间，那一片绿荫》，觉得一股清新的气息，有感于文句的细腻、流畅、明晰，文中没有什么华丽的辞藻或是着意修饰的句子，几乎都是短句，像平铺直叙。但妙也妙在这里，朴素、深沉，自有它的魅力，对于一位初中生来说实属不易。

像它的语言一样，文章要表的那份情也是朴朴实实的，写绿荫，也是写乡里的人，淳朴的乡亲、乡情。文章的最后三段在描写的基础上点了题，但点得是那么轻捷、含蓄，没有浓墨重彩，却让人感动："淳朴的乡里人啊，眼里、心上，永远映着那浓浓的绿荫。这，莫不是乡间的希望?"文尾结得隽永、朴素，言有尽而意无穷。

[例文53]

蓝

北京景山学校高一　郗振山

军舰载着我驶向东海。那晶莹碧透的蓝色海洋，早使我心旷神怡。

站在艇头扶栏远望，波澜壮阔的大海真是奇伟、绮丽。这一望无际的海洋，闪着无数的星点，像蓝色宝石一样闪着奇异的光。那晶莹碧透的海水，仿佛是面无边的明镜，摄映着湛蓝的天色；那清清凉凉的水汽，伴随着爽爽清风，送入我温暖的怀抱，沁我心脾，令我神驰。

东海，本有着蓝莹莹、丰艳艳的妩媚，又加上湛青的天色映射在水中，就愈见其蓝了，仿佛有无数蓝色的光带，扯天扯地交相辉映，水天融作一体，真分不出哪个是天，哪个是地，乾坤朗朗，水天一色，我就好像进了蓝色的气球。

这厚厚的蓝毯，微微地动荡着，仿佛向蔚蓝的天空争彩夺艳，她的脉搏在剧烈地跳动，她放出淡蓝的光，使人感到满眼清光蓝影，好像走进了蓝玻璃的世界，饮醉了蓝色的酒。这清澈、碧绿、渊深、恬静的海洋，此时此刻虽没有惊涛骇浪的壮阔雄浑，脱羁烈马的奔腾气势，却仍不减她的雄奇、瑰丽。她披着厚厚的蓝色，她蓝得那么充沛，那么年轻，那么富有活力，好像一个朝气勃勃的含蕴青春光辉的少女。这清清爽爽的蓝色天地，着实可爱。

这蓝色的大海，有着纯洁的美德。始终是清清一色，一尘不染；她又有着刚毅、勇猛的性格，敢于同风暴搏击，宁愿把自己蓝色妩媚的身姿，撞成白花与碎沫，从不向侵略者示弱。

这蓝色大海，在阳光的照耀下，升腾起淡蓝色的雾霭，青光浩渺，浮光耀金。这蓝，多么鲜润，多么深厚！她蕴蓄着奇异的力量。

这醉人的蓝啊！

我真是心旷神怡了。

［例文 54］

绿

北京师院附中高一　夏明辉

我被这满山的绿色征服了。

我踏着清晨朦胧的雾气走上崎岖的山路，空气就像经过过滤似的，沁人心脾。那是什么在冲我眨眼？是星星，还是露珠？我不由得停住脚步。啊，那是带着泥土芳香的青草，它们绿得那样新鲜，那样柔嫩，仿佛经过了无数次雨水的冲刷，才绿得这样逼人眼目。每一株小草上仿佛都闪烁着一个新的生命，使人想起刚刚降生的婴儿；每一株小草上又好像跳跃着一个绿色的奇异的音符，汇成一支欢快的舞曲。你看，它们一个个挺挺地立着，连叶尖都倔强地向上挑起。它们一簇簇、一蓬蓬地拥挤着，喧闹着，一路向山顶冲去。

雾气渐渐地散去，群山好似含苞的花蕊，正慢慢地绽开，远近景物的轮廓也渐渐地清晰了。远远地向山上望去，在众多的绿色丛中，有几片奇特的翠色欲滴的绿在向人招手。

近了，更近了，展现在眼前的是一大片翠绿的灌木，叶片虽小，但油光发亮，生机盎然。这翠绿是如此的旺盛，密密层层，连成一片。它使人想起夏日里沿堤的茂密的垂柳，又让人记起经过精心琢磨的翡翠，浓郁、光滑而又不失生气。此时，太阳已从晨雾中醒来，为这一片翠绿镀上了一层金色。

新奇的绿鼓舞我不断向上攀登。忽然隐约听到潺潺的水声，渐渐地，水声变为淙淙的，又变为哗哗的，一挂小小的瀑布呈现在眼前。然而更吸引我的，是瀑布下深深的潭水。那水的绿色深不可测，似乎凝聚了世间一切的绿，绿得浓重，绿得深沉，如果不仔细看，我会觉得那绿仿佛没有流动，只软软地铺着，静静地漾着，似一块温润的碧玉，像一叶舒展的浮萍，然而，当你看看那飞泻的瀑布，那盘流于石缝间的清溪，就能觉察出这浓绿是怎样地向下倾泻了。

阳光洒满山谷，我一口气登上了山顶。清爽的山风吹落额上的汗滴，也掀起绿的海洋里连绵起伏的波涛。我的视野里充满了苍茫而深远的绿色。这幅画似曾相识，那是浩瀚的大海，那是蔚蓝的天空。

绿是新鲜的，绿是成熟的，绿是深沉的，绿是广博的。大自然需要绿色装点，人的生活需要绿色充实。因为绿是生命之色，因为绿是希望之光。

[例文55]

紫　色

河南中原油田三中高二　李　雪

自然界五彩缤纷的色彩中，红、绿、黑、白常被人偏爱。人们喜欢红色，它显示热情华雍；人们喜欢绿色，它表示生命活力；人们喜欢黑色，它代表庄重素雅；人们喜欢白色，它表示纯洁无瑕……而我对这些颜色却没有多少兴趣。红色，太艳了；绿色，太俗气；白色，过分的纯；黑色，太深沉了。我在色彩的海洋中筛选，终于发现了这红与蓝的合成色——紫色。

我对紫色的爱超过任何别的颜色，甚至到了溺爱的地步。衣服，发卡，用具，一些小玩物……我都选择紫色。我怀着满足而喜悦的心情占有它。

翻阅古诗，在众多的色彩中，紫色入诗最多，请看：

“古道连绵走西京，紫阙落日浮云生。”

“紫陌红尘拂面来，无人不道看花回。”

“降紫皇于天阙，延二妃于湘渚。”

“横行青海夜带刀，西屠石堡取紫袍。”

呵，这些词句中，哪一句没有紫色的影子呢？不曾想，古人对于紫色竟也如此青睐。这是为何呢？我百思不得其解！

后来才明白，这与我国古代的星宿名称有关。

我国古代将天体的恒星分为三垣。二十八宿及其他星座，恰巧位于三垣中央的中垣，被称为紫微垣，古人认为那是上帝的所在地。这样紫微垣便成了人们心目中的天宫所在地了。

于是，紫色被古人视为吉祥之色。紫气、紫云成了吉祥之物；于是，紫色成了帝王专利的颜色；于是，帝王、君王的衣食住行中与“紫”相连的名称比比皆是：紫袍、紫庭、紫阙、紫宫、紫极、紫禁、紫霄等等；于是，皇帝的诏书被称为紫泥诏、紫书；于是乎，就连皇帝走的路，也被称为紫陌了……

噢！原来，紫色在古代社会中竟占有如此重要的地位，那我将会更爱我的紫色了？只是我爱的不是帝王之紫色，也不是富贵之紫色，我喜爱的是那清新淡雅的，出污泥而不染的紫色……

[例文 56]

色彩咏叹调

福州三中高二　钟　臣

清晨，每当我张开梦中的眼，啊！蔚蓝的天空，洁白的云雾，火红的朝霞，噢，还有，还有那金色的阳光，碧绿的榕树，青莹的栏台……

啊！每当我张开那梦中的眼，我便沉浸在这色彩的世界，我便陶醉在这大自然的五彩缤纷中，于是我便开始拥抱这充满神奇色彩的新的一天。

我爱色彩，我爱大自然中所有可爱的色彩。

我爱白色，它纯洁。

每当冬季降临，我便时时记起小时曾读过的童话。幻想着走进维也纳的森林，天空飘着晶莹的雪花，两只小狗拉着雪撬，驮着小小的我，寻找圣诞老人的红房子。啊！孩提时代的梦也是那么纯洁。

我爱黑色，它凝重。

那深埋在地下的煤，正是黑色的精灵。它凝重深沉，从不显示自己，只是默默地形成，静静地深藏，无言地燃烧……最后，终于化作一缕空气，消散……这样崇高，如此伟大，唯有成熟的黑色才拥有。

我也爱黄色，它温和、华贵。

那珍贵的黄金不正有了这华美的色彩才更加诱人吗？每当我暴躁难耐时，一看见黄色，那明快、温和的色调就将我的魂灵带入了一片和谐宁静。我不禁深情地说："谢谢！"

我更爱那生命的绿色和那欢快的蓝色。

绿色，生命的色彩，给多少人希望，是多少人追求的信念，千百年来，又有多少人掬一缕最深的情怀献给它？

蓝色的星球是地球的名字。一曲深情的《蓝色多瑙河》正是蓝色天使的赞歌。这群欢快的小天使无所不在，为每个孩子送去欢乐，给每个人带去喜悦。啊！蓝色，我还要将你点缀在我的鲜花上，将它送给我心爱的人，让她的双眼永远明澈。蓝色的天使带来蓝色的梦，蓝色的梦中还有一个蓝色的我。

我一向不认为我会爱红色。

可当我听到那青春的旋律，置身于时代的浪潮，我明白了：我周身为何涌起无穷的力量，激荡着年轻的激情。因为血红的青春在我心中奔腾不息，因为它在燃烧，因为它照亮着整个时代！

于是，我紧握住燃烧的火，我要让它把激情和力量永远飞扬！

我怎能不爱这本属于我们的色彩呢？我们正年轻，无法抗拒青春的拥抱，那我们还等什么呢？去爱吧！去爱这青春，这色彩！

我爱色彩，我爱大自然中可爱的色彩，我更爱伴随着生活，照亮了生命的色彩！

[评析]

颜色是大自然赠与人类礼物中最漂亮的一份。红色什么样？蓝色什么样……谁也说不出，但是宇宙万物又几乎都拥有自己的颜色，颜色是那么抽象，又是那么具体。一个人可以说他不喜欢这，不喜欢那，但多种颜色中却一定有他喜欢的一种。

例文53—56四篇文章都是写颜色的。这几篇文章可以说是色彩的赞美诗，作者向我们展现的不仅仅是五彩的颜色，还是充满生命的色彩，其中燃烧着作者热爱自然、热爱生活的激情，赞美色彩就是赞美生活，赞美时代。这就使写颜色的文章本身就充满了色彩。描绘颜色就必须描绘它们的载体：宇宙万物。把物、景写生动了，那色彩也就活了。这是这四篇文章的第二个共同特点。

人们常说，喜欢的颜色和个人的性格有关。那让我们看看这四位同学的所爱吧。

郗振山通过写海来写蓝，他觉得“沁我心脾，令我神驰”，他认为蓝显示了海的“纯洁的美德”，显示了海的“刚毅、勇猛的性格”，有着奇异的力量。作者展示蓝，展示海很有层次，他先写在军舰上扶栏远望时看到的蓝，大海像蓝色宝石，天空中“仿佛有无数蓝色的光带，扯天扯地交相辉映”，还打个比方，说自己“好像进了蓝色的气球”。随着观察的深入，作者感受到了海，感受到了蓝，用拟人的手法写海“披着厚厚的蓝色，她蓝得那么充沛，那么年轻，那么富有活力，好像一个朝气勃勃的含蕴着青春光辉的少女”。最后，作者已超脱了蓝的形，海的形，而写她的神了“敢于同风暴搏击，宁愿把自己蓝色妩媚的身姿，撞成白花与碎末，从不向侵略者示弱。”结尾处用了诗的语句：“这醉人的蓝啊！我真是心旷神怡了。”

《绿》一文以游踪为序，热情地歌颂了新鲜、成熟、深沉的绿。他笔下“绿”的特征是富于生命的活力。写草的绿，说“每一株小草上仿佛都闪烁着一个新的生命”，说“它们一簇簇、一蓬蓬地拥挤着，喧闹着，一路向山顶冲去”。写树的绿是“几片奇特的翠色欲滴的绿在向人招手”。写潭的绿，说这绿“深不可测”，“似一块温润的碧玉，像一叶舒展的浮萍”。当游人登上山顶，那绿简直就是“浩瀚的大海”，像“蔚蓝的天空”。最后以议论作结：“大自然需要绿色装点，人的生活需要绿色充实。”

《紫色》一文另辟蹊径。大概因为喜欢紫色的不太普遍，所以作者先写对几种颜色的评判，有褒有贬，然后写自己对紫色到了“溺爱”的程度，并以自己的用具、饰物、小玩物为证。接着不直接写紫，而是从古诗文中，从天文星宿中，甚至从封建帝王的生活专利中去考证，写得另有一种意境。古诗文中紫色入诗最多；天宫所在地称“紫微垣”；古人把紫色视为吉祥之色，于是帝王的衣食住行都离不开紫字了。最后声明自己爱紫色不是爱权势、爱富贵，而是爱它的清新淡雅。

《色彩咏叹调》的作者大概是太贪心，他几乎喜欢所有颜色。从行文中我们可以看出作者热爱生活的一颗心，感到他热情、骚动的脉搏。他给每种颜色概括出一种特点，一种象征，有时写自己幻想中的世界，有时写实实在在的物质，有时写感觉，有时写旋律。作者展开了想象的羽翼，连用不同的形象，抒发了对色彩的美丽、刚健、温柔、华贵等特点的赞美。以讴歌色彩，讴歌生活作结。

这类文章不容易写好，一是要有其感受，才能写得充实，而不是华丽词藻的堆砌，要写出精神来、二是必须组织好顺序，不可东一榔头，西一棒子，杂乱无章。

[例文 57]

友谊使者——大山樱

北京景山学校八年级　王自强

1972 年中日复交，日本首相访华时，首次向我国赠送两千株大山樱。其中的一千株分栽在北京几个公园内。1973 年 3 月首批引进的大山樱有一百八十株，栽种在玉渊潭樱花园内，到现在已有17年之久，还存活85株，存活率达47%，在各栽种大山樱的北京公园中居首位。

我参观了樱花园，了解到这一情况，兴犹未尽，又查阅资料、进行访问，从而对大山樱有了初步的了解。

大山樱（Prunus Sargetii）属蔷薇科，李属，主要分布在日本。落叶乔木，株高可达十七米。单叶互生，叶片为宽卵形，尖甚长，正面绿色发亮，背面灰绿色，边缘有重锯齿，叶柄上有两至四个腺点。先叶开花，总状花序，花单瓣，有粉红色和白色两种。核果六月上旬成熟，红紫色。大山樱主要供观赏用，不但观花，还可以观叶。它的花期短，只有三天。北京的大山樱在在月底至四月中旬开放，稍不留心，就会错过花期，再来看时，已是绿沃红消了。花落后两至三天，叶芽即开展，幼叶逐渐由红变绿，九至十月中旬，树叶再次变红，就像香山红叶一样，可供人们欣赏。

从日本引进的首批大山樱长势很好，最粗的树直径已有二十七厘米，株高高米。为了这些大山樱，管理人员精心管理，进行科学研究。他们首先为大山樱的生长创造环境，在大园中形成良好的小气候。这批大山樱来自北海道，为了创造它适宜的生活环境，管理人员在园内种植了各种草木，既有高大的乔木，又有低矮的灌木、草本植物，还有贴地面的苔藓植物，这些植物构成了不同的层次，可以为大山樱遮拦骄阳，阻挡西北风，保持空气湿润、清新。

其次，管理人员改良土壤，满足大山樱对酸性土壤的要求。另外，还采用了增加湿度，巧浇水、施肥、除虫等措施，为大山樱的生长提供适宜的条件。

目前园内管理人员用大山樱的种子播种的树苗已成活三十株，有的已长到四米高；压条成活的有三株。樱花园中已有了大山樱的新植株。大山樱不但在中国安家落户，而且生儿育女繁衍后代，成为中日友好的象征。同时，玉渊潭公园引种成功的实例，积累了大量宝贵的经验，成为其他引进品种的借鉴。

[例文 58]

“眺潭石”探微

北京景山学校七年级　李　航

暑假里的一天，我作为北京市东城区地学爱好者夏令营中的一员，参加了对昌平郊野公园地形、地貌的考察活动。经过数小时跋涉，我们终于征服了道道艰难险阻，到达上龙潭，站在巍巍的“眺潭石”之上。

上龙潭是郊野公园中最后一个大景。它位于下龙潭以上大约五百米处，中间山路崎岖，又被许多灌木所遮挡，所以一般游人很难到达。但这里的景色却很好。汪汪一潭碧水，清湛而又凝重，一阵轻风拂过，荡起阵阵漪澜。两岸断壁，林木葱葱，只有“眺潭石”向潭中延伸。游人上去，就好似坐在一块仙石上，在水中漂浮。

我们对这块高大的“眺潭石”产生了浓厚兴趣。上龙潭两岸都是峭壁，唯独它，像人的脚背一样，高高隆起，人若想在上面行走，非靠人工凿的脚印才行。对此，我们不由提出两点疑问：“眺潭石”原先是不是这种形状？如果不是的话，它现在这副奇怪的模样又是怎样形成的？利用休息时间，我们做了一番地质考察。要想了解局部，还是先来看看整体。郊野公园是中上元古界花岗岩地貌，两边峭壁多为解理与断层，中间夹着一条水，属沙河的支流。上龙潭正处于一段约南北走向的峡谷中，而“眺潭石”位于上龙潭右岸，倾度约三十五度至三十度，厚度不一，与岸壁夹角约九十度。

为了找出正确答案，我们进一步进行了全面考察。

通过观察，我们发现：一、上龙潭两岸的峭壁几乎直上直下，不像是解理，并且十分平整，没有明显凹凸的地方。而这里风又很大，由于受地形限制，都是从同一方向吹向另一方向，说明这里的定向风化很严重。二、在两岸水平面以上的石壁上有条约高四十厘米的水冲击痕，而这个高度与“眺潭石”的高度差不多。这说明，“眺潭石”原先曾没在水中，或与水面同高。另外我们在地图上又发现，上龙潭虽位于郊野公园尽头，但它只处于沙河的中游。沙河在雨季水量也是很大的，并且上游经过延庆县群山地带。

据此，我们就可以试着用粗线条把“眺潭石”诞生的过程勾画出来。起先它只是一块同周围岩石一样凹凸不平的普通的花岗岩。每当洪期到来，水位猛涨，没过了“眺潭石”，并从上游携带来大量小石块与它相互挤碰摩擦。积年累月，“眺潭石”凸起的部分竟被磨平。这时水位下降，地壳抬升，“眺潭石”全部露出了水面，又经过风精工细磨的球状风化，终于变成了现在的样子。

虽然如今这块“眺潭石”与原先比已是面目全非，但我们可以通过周围环境的特点，了解到它原先的形态，还可以断定，它与周围岩石是同时产生的，质量也是相同的。

通过这次考察，我们不光领略了大自然风光，而且还增加了知识，心中感到十分快慰。

（刘占泉　推　荐）

［评析］

随着科学技术的发展，中学里课外小组、兴趣小组很普遍，青少年在这些组织里，对自然进行了另一个角度，另一种层次的观察。学生们写的调查、科学小论文，也是他们笔下的自然世界。

例文 57～58 两篇文章就是两位作者经观测，调查后写出来的。

《友谊使者——大山樱》的作者王自强同学是生物小组的优秀组员，他写的科学小论文曾在北京市获奖。这篇文章写的是 1992 年日本首相访华时赠送的两千株大山樱的情况。作者查阅了有关资料，介绍了大山樱的科、属，叶、花、花期等。又对大山樱进行了实地考察，对生长在玉渊潭公园内的 85 株大山樱的生活情况作了具体介绍，并归纳出这批大山樱生长情况良好的外部条件——管理人员的精心管理。

《“眺潭石”探微》的作者是地理小组的成员。“三句话不离本行”，借游览之机进行地貌调查，根据已有的知识对地貌的出现、变迁作了科学的推断。这篇文章中有富于文学意味的描写，也有科学性的说明，二者结合得很好。描写景物主要写眺潭石的奇；进行科学推断，则先从整体再到局部，随考察讲理论，讲科学道理条理清楚，又通俗易懂。

这种文章要求抓住景物、自然现象的特点，描写、说明时要按科学的顺序。

写了这样的作文当然要请各学科老师予以评判，语文老师只是其中之一。

●训练指南

透析·感悟·神交·思考

训练提示

还是先来欣赏杜甫的两句诗吧："感时花溅泪，恨别鸟惊心。"感时伤别，花也溅泪，鸟也惊心。花无泪可溅，鸟也不会惊心，是诗人自己饱含着感叹，将自己的情移到自然景物上去了。这就是移情于景。能对自然有所感悟，人与自然既有了神交，这时景中有情，情中有景，水乳交融，二者不可分割了。这是写自然世界应该追求的第三个高度。

古人说诗有三境：一曰物境，二曰情境，三曰意境。写自然世界也有这三种境界。先是状物形象、逼真，再是触景生情，最后是"物我两忘，情景相融"。

文生于情，"情动于衷而形于言"；文又须生情，"文者情之著也"。文章有"情"是文章美的标志。

自然界的景物被摄入眼中，进入头脑里，如果与个人的情绪、处境、遭遇等相通，人对自然就有所感悟，这时人对景物不再是纯客观的描述，而是注入了作者主观的情绪，主观的倾向。这自然不是纯粹的自然，它冰释了作者内心的感受，描写自然成了转移情感的手段，成了情的载体。

这样的要求是不是太高了，中学生能做到吗？我从学生的作文中读到过这样的韵味。当然，比起作家们，他们要稚嫩得多，但唯其稚嫩才有特殊的新鲜，特殊的魅力。编入下面"习作"部分的习作，就是范例。作者已不是借情抒情，而是移情于景，真有点"情有不容已，语有不自知，天籁与人籁，感召而成诗"的味道。小小的燕子窝，窝中的五只燕子，作者把它当做一个温暖的家，蕴涵着人间温暖的情意（习作66）；风有种种品行，这风就是作者自己，是自己的朋友们，是个好可爱的孩子（习作59）；学校操场上的大槐树，是作者学生生活的见证人，喜怒哀乐它都看见了，也都默默地表了态，或同乐或安慰（习作63）。

写这类作文必须要创造优美的文境。我们常说诗有意境，其实，好的文章也有意境。“意境”是什么？意境就是表示某种艺术作品创造了一种可供人想象的“世界”，一种独立存在的自然空间。意境就是情与景的契合。看齐白石的草木虫鱼，感到的不仅是草木虫鱼，而是唤起那种清新的、春天般的快慰和喜悦。听“小虎队”唱歌，心里感受的不仅是旋律，好像自己也变成蝴蝶随着三位歌手飞。这就是意境。

应该怎样写情、抒情才能创造优美的文境呢？

对景物要进行精选，选择有个性的或富于暗示性的。纸面有限，不可能把所有的景都收进来，要按窥一斑而知全豹的原则去选取，着墨愈少，读者想象的范围就愈大，意味就越深远。选景集中不等于写作时只用粗线条勾勒轮廓。以部分统摄全体，运笔必须人微，写景务必形象，富于表现力，反映出景物的神貌及其气韵。

怎样抒情呢？这类文章一般是边写景边抒情，景到情到。因为此时的景物已不完全是自然的景，而是人格化的景了，景不只是客观生活境界的复制，而是包含着作者的主观创造，注入了自己的主观感受，情中有景，景中有情。抒情的方式可以采用迸发式，用语激越。用紧凑的语句及诘问、反问等方法倾吐激情，使感情产生猛烈的冲击力。也可以采用回荡式，一唱三叹，用排比、反复等方法，重章叠句，抒发回环荡漾的感情。还可以通过含情的细节描写和心理的细微变化，表现深沉、细腻、柔婉、蕴藉的情感，称柔润式抒情。

随着现代科学技术的发展，人们对自然世界，不只是像李白、杜甫一样赞它的形美、质美，还另有研究，探索它的奥秘，因这样的方式爱它、赞它。中学生虽然不是某一方面自然科学的专业人员，但各学校日益发展的课外科技小组、兴趣小组，给学生打开了进入科技领域的大门，他们学习研究自然界，有的学生还有自己的研究题目，也有不少获得了某些研究成果，得到成人们的承认。这些学生把他们在这个领域认识的自然界也写出来，成了一种新的类型的习作，在这些习作中写出他们探索自然真谛过程中的曲曲折折，他们失败的悲伤，成功的喜悦，以及他们对大自然认真的、科学的思索。看来爱好自然科学的人也有写作素材，而且是新颖的写作素材。

最后要说说善于学习、多多实践的问题。前辈和同辈中都有不少人写出了反映自然世界的精妙作品，要仔细地、用心地去读，去体会。还要多多动笔，在实践中学习、运用。这本书安排“练笔·实践”和“鉴赏·学习”两部分，就是为此。

[例文 59]

风

北京景山学校六年级　顾园园

我喜欢风，喜欢它的温柔、调皮和淘气。我不喜欢风，不喜欢它的肆虐、无情和冷酷。我不知道我到底喜欢不喜欢风，就像它让人看不见、抓不着的身影，让人猜不透、摸不准的脾气——这令人捉摸不定的风。

风有时是温柔的。像春风，轻轻地似婆娑起舞的少女，翩动着长长的衣袖，从高山上轻轻地飘下，从大地徐徐掠过，伴随着沙沙的春雨，拂绿了柳树干枝，绽红了百花万朵，小溪露出晶莹的眼波，田野唱出欢快的春歌。啊，春风，可爱的春的使者。

风有时是调皮的。夏天，当白日里骄阳似火，大地蒸腾如笼时，它竟会躲藏得无影无踪，寻不见一点儿影，任你口干舌燥，汗如雨注。待你烦了、倦了、疲惫地睡了，它却又不知不觉地伴着黎明悄悄地爬上你的面庞，给你一丝清凉。

风儿也是淘气的。它一会儿轻轻地摇曳着树枝，一会儿又使劲儿地晃动着树干，还把可怜的小叶片卷走，让它在无边的天空中飞呀飞呀，不时让小叶片翻个跟头，打个滚。玩累了，便将手一撒，让小叶片飘飘悠悠地落在地面上，风却嘻嘻一笑，一溜烟地跑了。风又开始跟人们捉迷藏。它钻进办公室，把桌上的纸吹得四散飞扬；又钻进厨房，把刚刚点着的火苗吹灭；钻进卧室，把正在睡觉的人们冻醒。

风有时是肆虐的，尤其是在深秋季节。它呼啸着，恣意发着脾气，不管不顾地卷走大地上的赤橙黄绿，留下满树的秃枝，遍地的枯草和秋末的寒意。

风有时又是冷酷的。它无情地鞭挞着大地，使万物一片凋零。它狂吼着、怒号着，想显示出风所特有的威力，这时它是最暴烈的。

我不知道我到底喜欢不喜欢风。哦，我不喜欢它的肆虐、无情和冷酷，我喜欢它的温柔、调皮和淘气——这令人捉摸不定的风。

[评析]

“大风起兮，云飞扬”，“忽如一夜春风来，千树万树梨花开”、“吹面不寒杨柳风”……古往今来，多少人写过“风”啊。而这篇《风》，写得另具特色，是一个十二岁女孩儿眼中的风，心中的风。顾园园追踪这风，琢磨这风，把风当成自己的小伙伴。这篇文章的特色就在于写出了一颗纯真的童心。读了这文章的人大概都会感叹：只有孩子的笔下才会有这样的“风”。

顾园园赋予了风各种品格：温柔、调皮、无情……这些是行文的纬线；经线呢？一年四季。这种巧妙的安排使文章既浑然一体，又层次清晰。

文中多处运用了拟人的手法，其中，写风的淘气一段最为生动：风逗弄着可怜的小树叶，“让它在无边的天空中飞呀飞呀，不时让小叶片翻个跟头，打个滚。玩累了，便将手一撒，让小叶片飘飘悠悠地落在地面上，风却嘻嘻一笑，一溜烟地跑了。”呈现在读者面前的已不是风，而是个顽皮的孩子，也许就是顾园园吧！

[例文 60]

瀑

杭州学军中学初三　李　蕴

总想起那条瀑布，无须记住它的名，只在心中存着与它邂逅的那份默契，那份惊叹。

它在的那座山，有着和它一样的气质。山麓有一潭清清的活水，清新、鲜洁。静中有一种隐隐的骚动。细看，原是一脉水流汩汩地注入。顺着这源头往上寻觅，响声越来越清脆，越来越激昂了，似乎满山都和着同一种节奏在震荡，它在哪儿？茫然中，只凭着一种似曾相识的感觉寻找，山回路转，低头抬头的一瞬间，它竟在眼前了。

突然，胸中盈盈的喜悦在动荡，纯美的——就在那极绿的山头，泻着一条颇宽的、银色的瀑，周围一起鸣响着澎湃、动人的水的歌……山被鼓动得喘不过气来，壁岩的新绿在涌动着，光洁而丰腴，有如少女的唇，受着瀑豪放不羁的吻。瀑是热烈的，它浩荡地一泻而下，带着男儿强劲的号叫般的轰响，虽然被岩石迎面劈成无数股水柱，但又顺着这势往下冲，猛冲，一片片水花儿被激得狂溅四溢，似烟似雾地朝人扑来——一切像生活，只会愈演愈烈，而不会枯竭……轰轰烈烈……

瀑是无双的——它坦荡、自然，无忌的狂泻中，有那么多色彩在奇妙地变更，交替流溢，仿佛大千世界里纷繁绚丽的生活……

我的内心感动着，尽管这颗即将成熟的心在生活面前有时茫然不知所措，可眼前的瀑布却启示了我——是的，它比我更懂得生活，自信的激流永往直前，没有一点彷徨犹豫，在无数个破灭的水沫中，塑造自我，走向辉煌完美的永恒……

我默默走近这水的屏障，呼吸那醉人的气息，纵然它内含着疾风骤雨的打击，并不全是诗，但又有何妨呢！我满怀希望奔向它——像冲进生活的狂澜中去，只要你意志坚强，心胸开阔，生活必将是绝美的……

静静地伫立着，猛然一醒，心已在有意无意之间轻松活泼了起来。

尽善尽美的唯是瀑。

[评析]

真是一篇好文章。难得一个少年能写出这样的文字来。写瀑，如果只是拟声、绘形、上色，也不过就是一幅好画，作者也只是一个观景的人。李蕴不是这样的，他是全身心地投入了这瀑，像投入生活中一样，去了解这瀑，感知这瀑。于是，李蕴听见了，瀑布告诉他：人要活得“坦荡、自然”，“自信的激流永往直前”，即使“内含着疾风骤雨的打击”，即使“并不全是诗”。这是不是文章感人所在，文章的独到之处呢?

文章开头写只记住“与它邂逅的那份默契，那份惊叹”，起得不同凡响。接着写瀑布所在的环境：山和瀑是同样的气质，山麓的清潭中“静中有一种隐隐的骚动”，为写瀑的壮美蓄势，写自己是“凭着一种似曾相识的感觉”寻到了这瀑布，又为“人”、“瀑”神交蓄势。自然地进入全文高潮，写瀑布的壮观。由于有了许多铺垫，结尾的抒怀就很自然，丝毫没有生硬之感。全文以观瀑的过程为线，贯串自己的感受，结构完整，层层深入。

写瀑布的部分，情绪激越，多选用节奏鲜明、足以表现强烈的动态的词，如：澎湃、涌动、一泻而下、狂溅四溢……多用拟人、比喻，用得新颖、大胆、粗犷，与瀑的神韵合拍。

[例文 61]

本溪溶洞

东北师大附中高二　韩雅慧

但凡名山大川，见的人多了，各种说法也就流传开来。于是那些灵灵巧巧的山石披着的一层神秘的面纱便被尽剥全无了。然而本溪溶洞倒还是第一回听到。于是当车还在颠簸之时，我的心便早已飞出了车窗外。

车行至本溪溶洞口时，天空还是阴阴的，明澈的太子湖畔，一座挺拔俊俏的山峰在薄薄的雾气笼罩下隐隐透出些绿意。下车后，才知这山的山脚下就是本溪溶洞了。自然真是个神奇的魔术师，他把灵秀气和挺拔粗犷同时赋予了这山，却仍嫌不够畅快，又在它的中下部斧凿并用，着意砍凿出一个大型溶洞来。这还不满足，它又从龙海搬来了嶙峋突兀的各色钟乳。末了，它似乎满意了，随手从瑶池里泼洒出股股清澈的水流。

水洞和旱洞是本溪溶洞的双生兄妹，他们独立成趣，又相得益彰，向游人展示着迷人的风采。一走入洞内，一股股凉爽的微风迎面袭来。我们坐上游船，立时，一个曲曲折折的回廊展现在我们的面前，这就是九曲银河了。一座座低垂下来的凝乳色石柱，或锋利如倚天长剑，或纤细得宛如探海银针，或弯曲成拱形似入水彩虹……洞顶凹凸不平，那一块块经过长期风化的斑驳的山岩，在灯光中忽明忽暗，若隐若现，狰狞可怖，凶神恶煞，让人心惊胆颤。突的，不知是谁大喊一声："注意。"待仰头看时，一块巨大的黑黝黝的山石迎面扑来，阴影立时罩住了我们的全身。我有些气闷了，呼吸变得急促起来，好像一股强大的力量压着我。我慌忙伏下身子，巨大的山石擦背而过。好险啊，我微微松了口气。喘息甫定，见前面水流两侧五彩明灯把石洞映照得如洞天仙境，仔细瞧去，一座富丽堂皇的宫殿直耸入洞顶。上面是玉砌的石柱吧，在灯光下发出幽幽的光，这就是灵霄宝殿了。人们常说"曲径通幽"，我总不大懂，今天才真的感到这话的妙处，我的心刹时欢愉起来。小船漂漂荡荡，清流发出汩汩声响，和着小船突突的马达声，以及周围石柱脆亮的鸣响，宛如乐作般的，浑然天成了。前面似乎已无路可循，可是峰回路转，更新、更美的境地又等着我们品评。一只玉象安静、祥和地立在水边，长长的鼻子直入水中，真喝得要酩酊大醉了。我们嬉笑着摸摸它的光洁的长鼻，它也不恼，仍是那样安然。沿着岩壁的折缝，一位天女袅袅婷婷地走将出来，身披薄纱轻绸，手扬彩带飘绫翩然起舞。玉兔在她的罗裙边嬉戏，广寒宫近在咫尺。前面，八仙正要渡海，瞧见了我们，却也停下步子，向我们招手。毛茸茸的小猕猴，活泼可爱的人参娃，闭目的观音，组成了一幅和谐宁静的画面。我们怕惊扰了他们的美梦，都止住了谈笑，静静的，似乎我们也要成了他们的一员了。

旱洞远没有水洞那样妩媚，俏丽、却也不失豪迈洒脱。大块大块的山石把道路布得迷宫般，没有耐心是走不得了。

出洞的时候，已经下起了蒙蒙细雨，细细品味，一路行来，只有浓浓的游意，却无淋漓之苦。若不是时间紧迫，真想在本溪溶洞再多待上一阵呢。

[评析]

对美的感知、透析、感悟是以观察为基础的。

我们的学生现在视野太窄，因而“巧妇难为无米之炊”。东北师大附中每年都要组织学生参加社会实践活动，他们进工厂、下农村、到连队、访古迹、历名山大川，这就大大地开阔了学生的视野，丰富了知识，增长了才干。

本溪溶洞，对于一般的中学生来说，可能会一无所知，而韩雅慧同学在畅游之后，通过感知、透析、领悟，再运用课堂上学过的步随景移的写法，把所看到的奇异景观生动逼真地奉献于读者面前。它已不是简单地停留在对景物的介绍和描绘上，而是体会其神韵，融入了真诚的感情。

[例文 62]

太阳雨·虹

北京景山学校高一　俞绍颖

天忽晴忽阴，傍晚，太阳终于在天边滚出一片蓝来，头顶上的云也都变得很白很好看了。可是忽然下起了雨，一大滴，一大滴落下来，夕阳一照,每滴雨都那么绚烂,闪着光辉。

它有一个漂亮的名字——“太阳雨”。

站到雨中，感觉着雨滴的撞击，也感觉着斜阳的温暖，便觉得：在这雨中走一生也是无比幸福的。

我心中的雨的概念，也一下子失去了它的阴郁、狂暴与无奈。

仰起脸，看那天上落雨的白云，它很高很高。风儿就要把它吹走了。它的下面盘旋着许多只雨燕。它们也愿沐浴在太阳雨里吗？可那云就要走了，太阳雨也要走了。

又默默低下头，脸上的“雨”在闪。

真的，只一会儿，太阳雨就走了。再度仰起头看云。云很白，可惜不在我头上。

看着，直到脖子也酸了，才低头。

啊！虹！只一小段，颜色很鲜艳，很粗，从东南的一座小楼后面伸出来。看着它的赤橙黄绿青蓝紫，便不禁想起了一段往事：

小时候，坐在爸爸的小挂斗车里往家赶，曾看见一条大大的、长长的、淡淡的虹，从宽宽的东长安街这边直跨到那边。

大极了，高极了。

赶紧喊爸爸看。爸爸看着，悠悠地说：“小时候爷爷告诉我，要是能找到彩虹的头，顺着它往上爬，就能一直爬到天上，爬到云的宫殿里……”

我一听便求爸爸去寻彩虹的根。爸爸却说：“不行。有本领的人才能上去。你这么小，又什么都不会，上不去。”

我默默地哭了，流着泪看它越来越淡，直到消失。

那大概是童年最大的一件憾事了。所以，每每看到虹，便忆起那段往事。

暮色渐浓了，那一小段虹却依然鲜艳。

“很美，也很短！”是说谁？太阳，虹，还是童年？

[评析]

小小的一篇文，只有七八百字，正像文中说的：“很美，也很短！”自然界不少的很美的景物，都是发生在短暂的时间里。俞绍颖是一位细心的、敏感的作者，能看到也感到这“很美，也很短”的妙处。其实，人世间的事不是也如此吗？如果我们真正感受到了它的美，只要短短的也就够了。俞绍颖的短文，想告诉我们的大概就是这个意思。

[例文63]

那些槐树啊……

北京景山学校高一　王丽锦

初　遇

初见你们是在五中的校园里。那时我刚上初一，9月1日，开学的那一天。你们是那样的高大粗壮，一个人都抱不过来。你们一副繁茂的样子，枝丫缠在一起，挤挤挨挨地长着。你们在操场的周围站了一圈，像神一样护卫着这个宁静又有活力的地方。

听校长说，在刚刚建校时，那些老教师、老校友就把你们栽上了，因为学校的土质不好，大概是有点儿碱性吧，从来没有种活过花草树木。但经过老师和校友们的努力，改良了土壤，你们总算长起来了，而且很茁壮地长起来了。

你们已经不算年轻了，也算经历了风风雨雨吧。我幼小的心里真有些敬佩你们了。

花　香

春天，片片叶子闪着绿，唱着歌，向人们展示着你们的生命。不知为什么，我突然感到你们带给我的信息。便向同学们说：“要开花了。”一天过去了，两天过去了，一个星期过去了，我失望了。谁知，过了几天，同学竟举着花走进教室，兴奋地喊着："瞧啊，开花了！"昨天这些花还把自己隐藏在嫩绿的花苞里，和树叶混在一起，今天却开得满树都白花花的了，是要给我一个惊喜吗？

同学们忙了起来，纷纷下楼去摘花，他们拿着花走进教室，教室里一下子充满了浓浓的、甜甜的花香。于是，把花别在头发上的有之，挂在耳朵上的有之，戴在手腕上的有之，放在嘴里品尝的有之。教室里充满了欢愉、温馨，我轻轻地把一束槐花夹在书页里，做一束不死花，好吗？

那几天是最高兴的一段日子，听不见吵架声，同学们早来晚走，为的是操场上那浓得吹不散的花香。

槐，谢谢！

幻　思

我常常坐在树荫怀抱着的双杠上沉思。我总觉得你们应该比别的树更有知识——因为你们每天都在听老师悉心的教导，听老师上的一堂堂生动的课，听学生朗读。你们应该比别的树更加有生命——因为你们听到的是笑声，接触到的是青春。你们不会老的，我深信。

你们有那么多叶子，是不是把每个学生的故事都记在叶子上了呢？瞧这一片，有点厚，绿得发亮，一定是个聪明的男孩儿。这一片，比别的小，也很薄，大概是个羞涩的女孩儿。这一片，脉络清清楚楚的，是不是个很"硬"的小男子汉？叶子间有的亲密，有的疏远，有的还有些碰撞。我笑了，这不也像我们吗？叶子密密的，一片，一片，怎么数得完呢？学生们一批批地进来，又一批批地走了。现在不知在哪里散发着自己的光和热。可是，我思索着，属于我的那一片在什么位置呢？

落　叶

当我得知我的中考分数时，我的心一下子凉了，我知道我不得不离开我学习了三年的学校，我已经被"淘汰"了。

片片树叶一改往日的模样，变成了大滴大滴的泪珠。我坐在双杠上，脑子里一片空白，眼睛也有些湿润了。

一片叶子飘下来了，被风托着，轻飘飘地落到地上。怎么这么早就有落叶了？我疑惑着。难道这片叶子……透过模糊的泪光，那有着像沧桑老人脸上皱纹一样的树干似乎在提示着我什么。心中突然一亮，不禁想到：那不是属于我的那一片。我坚信。

其他的树叶又在“哗啦啦”地歌唱了。他们还有好多日子可以歌唱。

我呢？眼睛已经不再模糊了。还有许多事情等着我去做，我现在虽然不知道属于我的那一片叶子在哪儿，但我深信它没有掉下来，它肯定在一个很合适的位置等我去发现。

尾　声

每当我想起母校，便想起你们。你们围着操场站了一圈，使我觉得那里有了你们才更像一个真正的学校。你们给了我许多。

虽然我走了，但我一直没能走出那浓浓的树荫。

[例文 64]

风儿送去蒲公英

南京师大附中高三　任　蓉

一夜春雨，将路边的小竹林润得翠绿翠绿，拔得颀长颀长。空气好新鲜，似乎散发着一缕温馨的气息，是那株“小树”又要开出粉红色的小花了吧？

真快啊，又是春天了。这是到附中后第几个春天了？第六个——最后一个春天了。明年春天在哪里？谁知道？太渺茫了。

真是的，怎么会这样快呢？好像就这么在脚下的林荫路上走啊走啊，竟然就要走进那在人们眼中无疑是最森严、最关键的考场了……

还能在这条路上走几回呢？这小路，太可爱太亲切了，几乎可以停下脚步和路边任何一朵小花或者一棵小树说上几句悄悄话。真不愿离开这熟悉的校园啊！人，为什么要长大，为什么一定要参加这场令人胆寒的考试呢？

唉，真是“剪不断，理还乱”，怎么越近紧张的时刻，思绪也越是繁乱呢？咦？是什么飞到脸上来了？这么轻，这么软？啊，是蒲公英，久违的蒲公英啊，是你飞来寻我了吗？

每年三角草坪上那一树玉兰落去，绣球树下一片洁白的时候，蒲公英就开遍了校园。我是极喜欢蒲公英的，往年每到这个季节，我便会着了魔一般地满校园寻找那笔直地立在草丛里的小小的骨朵——一丛洁白的绒毛，像是一片朦胧的雾。在我眼中，那雾下定是罩着生命的秘密，定是藏了一个神奇的梦。于是，轻手轻脚地走过去，怀着十二万分的小心和虔诚，掐她下来，深恐惊扰了她的甜梦。将她举近唇边，轻轻地、轻轻地吹一口气，柔白的绒毛便无声地飞散开去。我的那些简单而奇怪的念头也便一齐钻出来，随着那些种子，飘到很远很远的地方……

这是怎样一种有趣的游戏啊！以至于在我忙于复习功课的时候，它早已吸引了另一些孩子。你看河边的那个伸长了手臂，去采摘一小朵蒲公英的小女孩，多么像当年的我呀！我忽而发觉这酷似给了我某种启迪，我想到这女孩也会长大，有一天也像我这样忙得失去了采撷蒲公英的乐趣，以争取更完美地回答社会对我们提出的每一道考题。是祖国在召唤着我们为她献出我们的知识啊！况且，人长大了，总是要走自己的路，总是要为社会做点什么的。就像这蒲公英，在妈妈怀里积蓄了充足的力量，一俟成熟，风过处她便飞飞扬扬，去寻找合适的土壤生根、开花，孕育新的生命。人的自立能力难道还不及这弱小的植物吗？真的，这其实是个很简单的道理啊！我的心，豁地轻松了。

随着晨风飘来一首梦呓般的小歌：“我是一颗蒲公英的种子，谁也不知道我的欢乐和悲伤。妈妈给我一把小伞，小伞带着我高高飞翔。”多好听啊，我不由轻声地哼了起来。是啊，我也有一把小伞，是祖国、学校、老师和许多关怀着我的人给的，它也会带着我高高飞翔。信心、力量在我的心底深处油然而生。

风又来了。这阵风里，又有多少蒲公英的种子在飞扬啊！呵，风儿送去蒲公英。

[例文 65]

心中，那一片绿土

苏州中学高三　陈惠君

还记得三年前的盛夏，从我放下行李踌躇满志地向苏州中学校门内的“迎客松”微笑的那一刻起，校园以其新奇的绿迎接了我。从此，缤纷的大花圃边，阳光下光彩陆离的小杉树林中，绿荫遮掩下的小石路上，时常徘徊着一位沉醉的少年。每当那时，我便全然沉浸在这绿色的世界之中。

早晨的第一抹阳光透过密密的枝叶，给这一片绿土洒下了点点金光，也为大花圃内那一块“江苏省绿化先进单位”的奖牌镶上道道金边。淡淡的雾气游离在绿的缝隙里，悦耳的鸟鸣伴着琅琅的读书声回荡在绿的浓荫中。在这清新与愉悦之间，新的一天开始了。

下课的铃声宣告了教室内“黑”与“白”组合暂时的结束。蓦然转身，层层绿意从窗口扑面而来。依着苍翠的龙柏，踏着梧桐的落叶，看近处茵茵的草坪和不远处水池中绿树掩映下道山的倩影，任生命的狂想曲激荡在心间。

当夕阳的余晖还留恋着校园边界那一排绿树的树梢，道山上如伞的绿盖下，小石凳上，早有三五成群的同学在寻找属于自己的一份轻松和快乐，连那株近千岁的“五代柏”也感染了一丝青春的气息。“春雨池”边成行的垂柳下，科学楼边成排的棕树旁，有浪漫的年轻人在这诗情画意的情调之中寻找美的灵感。篮球场上的欢呼呐喊声也隔着一片夹竹桃与灌木远远传来。娱乐的人们完全融化在这绿的乐园之中。

月光下，独自步向宿舍时，有静穆的香樟树伴我同行，夜色中还夹杂着一股幽幽的清香；雨季里，和朋友促膝谈心，又是窗外烟雨迷蒙的绿让我明白了友谊的真谛。

失意的我，一个人静静地走到角落里，想要埋藏一段伤心的时候，猛抬头，满墙密密匝匝的爬山虎扑入眼帘，这顽强不息的绿色生命力让人不由自主地肃然起敬，心的最深处油然地滋生了一股神秘的力量——绿色的希望。

冬雪下挺拔的苍松，初春里满世界的嫩芽，盛夏里浓得化不开的绿意，秋夜里金桂的暗香，伴我走过近三个春秋冬夏。而这小小的天地似乎是一块变幻的绿毯，镶嵌着青山碧波，红墙绿瓦，那种和谐让人疑心是上天的杰作。不知从什么时候起，我开始为每一片新绿欢呼，偶然一片留下过我足迹的小树林被一座建筑无情地取而代之时，难免泛起一股淡淡的忧伤。

今年的迎春花又将从山上铺泻而下了，和无数默默地建设和热爱这座绿园的人们一样，我憧憬着，在这万绿丛中，能找到我自己奉献的微不足道的一份绿色。

我没有欣赏过大兴安岭漫山遍野的绿“波”，更与亚马逊平原铺天盖地的原始绿“浪”无缘。然而在小小的姑苏，甚至在小小的苏中校园，我却时时刻刻地感受着绿色的变幻，沐浴着绿色的温馨。

在几丛优雅、潇洒的凤凰竹边读着朋友的来信，又想起了去年和友人漫步在虎丘山绿色连绵的竹林，嬉戏在天平的枫林，陶醉于大公园淳朴的自然气息。我惊喜地发现，一旦从浓浓的绿色校园走出来，姑苏城重重的绿又撩拨着我的心绪。到处可以找到另一片绿的园地，正是这无数个绿的小世界如一块块碧绿的翡翠将姑苏这块宝玉点缀得更加璀璨。在即将告别姑苏城的时候，我虔诚地期待着：这一块块绿的小天地不知不觉地弥漫开去，整个苏州城浸润在一片浓浓的绿色之中，成为人们心中向往和热爱的绿土。

[评析]

例文63、64、65的三位作者大概都是女孩子吧，我从她们的名字上推测，更从她们的文笔中认定——是的，就是女孩儿。大约世界上只有十几岁的女孩儿才会如此地领略大自然、亲近大自然，如此细腻多情地吟咏大自然。

三篇习作的共同特点之一，是把学校生活融进校园的自然景色之中。小小的蒲公英，树荫浓郁的老槐树，神奇的绿地，这里寄托着一段美好的生活，寄托着女孩儿们对学校的爱，对师长的敬，对学友的情，寄托着对环境绿化的向往。大自然是她们欢笑、嬉戏时的同乐人，是她们失意伤感时的知心人，更是她们日渐成熟的见证人。这自然和着她的血脉一起搏动。三位作者就是借校园的景色阐明文章要表达的中心。

这三篇文章的共同特点之二是运用了多种表达方式。对自然景物以描写为主，其中也用记叙的方式写学校生活，用抒情加上些许议论来抒怀言志。运用得灵活自然。

这三篇文章的共同特点之三是文句优美、清新，富于乐感，很有节奏。默读这些文章时，耳边仿佛听见她们纯净优美的声音。对槐花她们这样写："同学们忙了起来，纷纷下楼去摘花，他们拿着花走进教室，教室里一下子充满了浓浓的、甜甜的花香。于是，把花别在头发上的有之，挂在耳朵上的有之，戴在手腕上的有之，放在嘴里品尝的有之。教室里充满了欢愉、温馨，我轻轻地把一束槐花夹在书页里，做一束不死花，好吗?"句子有整有散，有叙有问。写蒲公英的句子很讲究词语的选择："于是，轻手轻脚地走过去，怀着十二万分的小心和虔诚，掐她下来，深恐惊扰了她的甜梦。将她举近唇边，轻轻地、轻轻地吹一口气，柔白的绒毛便无声地飞散开去。我的那些简单而奇怪的念头也便一齐钻出来，随着那些种子，飘到很远很远的地方……"一连串的表示动作的词语达意准确又不雷同。描绘校园里那绿土时，做到有声有色："悦耳的鸟鸣"，"琅琅的读书声"；有动有静：绿荫遮掩下的小石路，在绿的缝隙里游离的淡淡的雾气；有实写有虚写："篮球场上的欢呼呐喊声也隔着一片夹竹桃与灌木远远传来。""看近处茵茵的草坪和不远处水池中绿树掩映下道山的倩影，任生命的狂想曲激荡在心间。”

这三篇习作又各具特色。

《那些槐树啊……》中有忧伤，有眼泪，作者毕竟是遇到了不顺心的事。她思索着：“属于我的那一片在什么位置呢?”她深信属于她的那片叶子“没有掉下来，它肯定在一个很合适的位置等我去发现”，“虽然我走了，但我一直没有走出那浓浓的树荫”。为此，她抹掉了脸上的泪。

《风儿送去蒲公英》的节奏明快，任蓉一心向往着未来，虽然为了应试而冷淡了那蒲公英，但没有伤感之情，因为：“我也有一把小伞，是祖国、学校、老师和许多关怀着我的人给的，它也会带着我高高飞翔。信心、力量在我的心底深处油然而生。”

《心中，那一片绿土》的作者更潇洒、豁达些，她不仅写校园中的绿土，还想到了虎丘的绿、天平的枫。“期待着：这一块块绿的小天地不知不觉地弥漫开去，整个苏州城浸润在一片浓浓的绿色之中，成为人们心中向往和热爱的绿土。”凭着这虔诚的美好的期望，这篇作文曾获苏州市“绿叶杯”中学生绿化征文三等奖。

[例文66]

燕子窝

北京景山学校高一　伊　伟

现在，我又坐在阳台上，望着那筑在阳台顶壁相接处的小小的燕子窝。

于是，便想起了这燕子窝搭建时的情景：那是三年前吧，正是四月初，不冷不热的季节。一天早上从梦中醒来，忽然听到一阵咿呀的鸟鸣，循声看去，阳台的小小空间中多了一对娇小劲健的身影，那尾巴还一剪一剪的——是一对燕子！我兴奋地跑到阳台去看，只是阳台的顶壁相接处，已分明地粘着点点泥丸——燕子要在这里搭窝了！这一发现使我欣喜若狂，从前总是在别人的诗文里读到有关燕子的描写，不论是江南暮雨中那“剪呀剪”的身影，还是北方灶堂间的呢喃细语，都使人体味到一种如诗似画的意境。而现在，一对燕子分明地在我家阳台上筑巢了，怎不令我欣喜庆幸？

不几天，燕巢筑好了，我一次次坐在它下面欣赏：巢儿圆圆的，让人看了便觉得暖暖的，使我想起了婴儿的襁褓。

又过了些日子，我听到了一种异样的鸟鸣，不同于我连日里听惯了的呢喃燕语，而是一种细弱稚嫩的声音，软软的，仿佛化在空气里，莫不是雏燕的鸣唱吗？果然，一对老燕明显地忙碌起来，而雏燕的鸣声也在老燕的忙碌中日渐一日地响亮了。终于有一天，燕窝中一下飞出了五只燕子，原来有三只雏燕呢！我本以为这样一来燕子们会另筑一个新巢，因为那小小的燕窝在我看来是无论如何也住不下五只燕子了。但它们却是的的确确地挤在了老巢里。我于是常常在夜里坐在燕子窝下，想象着那五只燕子亲密地挤在一起的情景。

这样又过了几个月，老燕带着三只小燕飞回南方去了，但第二年春天，五只燕子又在我期待的目光中飞回旧巢，略事修整后又住了进去，于是，几个月快乐的时光又开始了。

可是今年，燕子飞回来的时候，却住不进旧巢了，两只麻雀占了燕窝，任凭燕子怎样在巢边盘旋鸣叫，就是不肯让出来。而我又实在不忍心赶这两只麻雀走，因为这时窝中已有了小麻雀了。于是，我只得看着我心爱的燕子飞走了！

三年前我就发愿要写一写自家阳台上的燕子，但因为懒惰，始终没有动笔，而我今天拿起笔来的时候，燕子却已经飞走了。我好几次在月光中对着燕巢出神，想象着燕子在这里，老小五只亲密地挤在一起安睡，恍惚中似又看到燕子飞动的身影……而这一切都已成为回忆，因为窝中实际已住进了麻雀。

我们总是要饱尝这样的遗憾吗？失去之后才更觉珍贵？燕子飞走

了，我才终于动笔追寻脑际的零星的记忆，而这又更加重了我的遗憾！

我抬头看了看阳台顶上的燕子窝——那里已有了三只麻雀。我并不厌恶这麻雀，但我总忘不了，忘不了想象中亲密地挤在一起的五只燕子！

[评析]

本文虽然写的是燕子窝，是燕子，但读完之后，却使我们感受到一种人间温暖的情意。文章描写细腻动人，并把自己的感情自然地倾注在这些细腻的描写之中。“巢儿圆圆的，让人看了便觉得暖暖的”，于是便“想起了婴儿的襁褓”，这些感受、联想，多么富有人情味。小燕子那“细弱稚嫩的声音，软软的，仿佛化在空气里”，写得细致入微，一个“化”字用得多么生动。文中还几次提到“想象着五只燕子亲密地挤在一起的情景”，有实写，也有虚写，句子重复而又多变，反反复复地表达了作者是多么喜爱、多么怀念那些小燕子啊！

结尾处，作者写到了自己的“遗憾”，这使本文没有仅仅停留在记事状物上，而给人留下更多的思索与回味。

（龚兆兰）

[例文 67]

心灵的波痕

北京景山学校九年级　孙　姗

我 的 窗

我住的小屋，有扇向北开的窗子。从楼窗望出去，似乎伸手可触的，一棵是泡桐树，另一棵是杨树。几天前，发现别的地方的泡桐树已经开花，杨树叶子也长出来了，唯有我窗外的这两棵，仍然死气沉沉，心里总有些别扭。

今天下午回家，一打开窗子，我险些叫出声来。我足可以自豪啦！它俩，一个奇迹般地挂满嫩叶，另一个吐出浅紫色的花朵，甚至还有香味呢。

春天，真的走进了我的窗口。

不是这样吗？窗外的叶子是会变的，变成兔子，变成狼，变成弯腰的农夫，变成婷婷的少女。我的叶每时每刻都不一样。我想那是镜子，它一闪一闪的，在阳光下反射着特有的光；我想那是狗，它便要跃起来，甚至还要叫，“汪汪！”

不是这样吗？即便在晚上，帘拉上了，花影叶影仍在帘上动，变成浪花，变成鸟，跳呀飞呀……这时我总在想，愿我心灵的窗也是人间最好的。

噢，我的窗。

听 雨

晚上，第一声闷雷在天边响起来了。对于喜欢听音乐又喜欢听雨的我来说，一场盼望好久的音乐会终于拉开了序幕。

风摇动树叶。几滴雨打在窗子上，接着躲到一旁，还是风在响。风和雨几次交换以后，划过一道闪电，火山爆发般的响雷使整个大地震颤起来。随之而来的是岩浆——红色的岩浆从雷声中骤然涌出，第一个音符奏响了！

这仿佛是《命运交响曲》的开头。不久，雨声渐渐趋于均匀，但仍不是很有节奏，并不时被隐隐远去的雷声打断。此时的音乐恰似《玫瑰小夜曲》，婉转中时常跃出几个刚劲有力的音符，使旋律更富有魅力。

雨声完全均匀了，雷声也越来越远。从雨声中似乎传来了鼓声、号声、齐整的脚步声。莫不是打天上走下来的仪仗队？我的窗便是检阅台了。等待着一队队的雨的士兵走过去，走过去。这时，耳边忽然响起了《军队进行曲》：

“1 55 4 #5|1 55 4 #5|1 5 1 5|
1 5 3 5|1 5 1 3|5……”

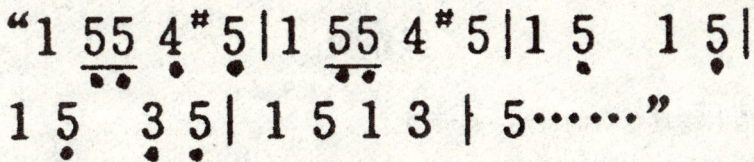

我不由得笑了。能检阅雨的仪仗队，怕不是特异功能吧？雨声愈响愈大，简直有些震耳欲聋。我知道，这是仪仗队尾了。

不多久，乐声小了，也明快了不少。《天鹅湖》的旋律从远方传过来。很快，雨点的脚步就放慢了，而且很轻，没有一点杂音。经过很短的过渡，《天鹅湖》中精采的一段——《四小天鹅》的音乐一抖一抖地从天上飘落下来。每一个音符都如此清晰，仿佛小天鹅的脚刚一落地，立即又轻盈地弹起。节奏快得很，几乎没有令人回味的余地。

不知为什么，雨声又快成三拍子的《华丽圆舞曲》了。这音乐一直响着，有时急些，有时缓些，直到我迷糊地睡去。

检阅雪兵

雪兵可能是一群小姑娘——娇气包儿。根本听不到她们的脚步声。她们和雨兵们差远了！

她们无声地来了，飘到屋顶上，树枝上，山坡上，轻手轻脚的。所以，只能用眼睛来“检阅”——

我伸平双臂，头稍仰，眯起眼（防止雪兵走错路闯进来），大步往前走，从眼皮的缝中往外看，尽量望得远些、再远些。无数的雪兵向我撞过来，我不躲，因为这时我是“将军”了，“将军”应该是大无畏的。

雪兵的队列极不整齐，任意地东飘西荡。唉，真不该称之为“兵”。不过，雪花可以供孩子们团雪球、堆雪人，可以化成水给小草喝，铺成被给麦田盖，还能飞进艺术家的作品里成画成诗。不能苛责她们。

我想，世界上应该有一支这样的队伍。和平的队伍，美丽的队伍，能够激发十四岁女孩子的想象的队伍。我的胸脯挺得更直了，样子一定很威风，更多的雪兵飞过来亲吻我的脸颊，扑进我的怀抱……

尽管她们没有雨兵们齐刷刷的脚步声，没有雄壮的气魄，我还是从心眼儿里喜欢。这样一支披着白衣的淘气的散漫的军队哟！

绿精灵

是生物夏令营的最后一个晚上。

山上，灯光很少。我们在作“灯诱”。一只绿尾大蚕蛾翩翩而至，捕虫网乱哄哄地随着它飞舞，这种蛾子漂亮极了，后翅下方有长长的飘带，翠绿色的。终于逮住它了！

困意顿消。乘着余兴，我们决定去捉萤火虫。沿着长满苔藓的湿漉漉的石径，三转两转，走进一处陌生的地方。

凝神望去，天上、草丛中，许许多多绿色的小灯笼一闪一灭，飘着，游荡着，飞得那么潇洒，明得突然，隐得神秘。我生出一种以前从未有过的感觉，脱口而出：“绿精灵！”

我的网一下子变得轻捷无比，兜过来挥过去，只消三两下，就有几点绿光随着网动起来了。赶忙拿出瓶子把它们装进去，再寻找新的目标。

捕着、捕着，我的脚和身子也越发地轻盈起来，就像在空中飘，网也像一根魔棍了。似乎正飞行在太空里，我用魔棍点星星，星星闪着狡黠的绿光躲藏。我紧追不舍，吹一口气，星星们就让魔法吸住，滑落到我的手里，由我装入宝瓶……

回驻地的路上，我举着绿光闪烁的玻璃瓶，就像在晃动一片绿色的“星空”。可抬头一瞧，满天都是星星，银色的、浅蓝色的、微红色的。

哦，我能触摸到的天空，只有这么一小块儿。小是小，还是让我藏到了心灵的深处。直至现在，每当闲暇的时候，闭上眼睛，就会有绿莹莹的小光点儿飘动。这一天夜里，不免就要做有关萤火虫的梦了。

[评析]

打开窗户能看到树叶的变化，坐在屋里能听外面的美妙的雨的音乐会，自称“将军”“检阅雪兵”，捕到“绿精灵”装在瓶里拿到手上。我真嫉妒孙姗有这么好的心境，这么多的灵性，投入大自然的怀抱，和自然那么亲近。

四样景物各具特色，写法也不同。我以为其中以“听雨”和“绿精灵”更佳。“听雨”突出写雨的有节奏这一特点，作者借人们熟悉的几支名曲，唤起读者的感同身受。节奏剧烈时“像火山爆发”，深沉而富有魅力时，则比作为“天上走下来的”仪仗队奏的进行曲，轻松跳跃时，像“一抖一抖地从天上飘落下来的”，缓慢时是一支催眠曲。用比喻，用联想、想象。“绿精灵”突出的是潇洒的风采，神秘的氛围，除了直接描写外，还借用作者的幻觉。间接写大蚕蛾的“精”、“灵”，“我的脚步和身子都越发地轻盈起来，就像在空中飘，网也像一根魔棍了。似乎正飞行在太空里，我用魔棍点星星，星星闪着狡黠的绿光躲藏。我紧追不舍，吹一口气，星星们就让魔法吸住，滑落到我的手里，由我装入宝瓶……”尽力渲染神话色彩，引人遐想。

如果像孙姗一样，有“一小块”的天空“藏到了心灵深处”，那该是多大的满足与神奇啊。

[例文68]

台湾凤尾蝶

福州三中初二　曾新宇

一天，我的好朋友刘飞连蹦带跳地到我家，说：“新宇！看，《我们爱科学》里有个好消息！”“我看看！”“北京昆虫研究所要举办一次中国蝶展，缺少一种名贵的台湾凤尾蝶，请捕获者于明年6月送往北京参展。”他兴奋地指手画脚地说。我也跟着高兴，可转念一想，又泄气了，说：“这蝶的影子也没见过，到哪去捉呀！这是台湾品种，说不定只有台湾才有呢。”

“你不想捉算了！”瞧，他的犟脾气又来了。他这人啊，做事有股牛劲儿。他特别喜爱研究蝴蝶，大多数课余时间都在研究蝶类。他家里有上百种蝴蝶标本。可是这回，我有点不信他能成功。

不料，几天后他又来找我："有希望了！我查了许多书，找到有关的资料了！"他的大眼睛一闪一闪地流露出希冀的神情。我看着他手里的那张草图：那是一只很大的蝴蝶，还拖着两条长长的凤尾。我也动了心，从此跟着他到处跑。

正值春夏交替的季节，蝴蝶很多，几十次的外出捕捉，我们晒黑了，身上划破了，成果倒不少：捕了几十只大个的彩蝶，可是没有一只是"凤尾"。我泄了气，也懒得跟他出去跑了。

转眼间已是第二年5月，天气似乎热得特别早。我每天都见刘飞蹬着车，提着网兜、标本夹到处跑。真是头犟牛，为了这事，他划破了三件衣服，丢了两只鞋，被他爸爸揍了几回，还是不甘心。如今距送展品日期已不到一个月了。

我看他又黑又瘦，就说："你瘦多了，为了蝶展，花了你一年的课余时间，值得吗?""值得。你想想，中国蝶展缺了台湾的蝴蝶，人家会怎么想呢?"我愣愣地点点头，他丢给我两本厚厚的笔记，全是他亲手抄的有关蝶类的生活环境、习性的资料，还附有图片。我赞许地看了他一眼，他一下子变得很神秘，对我说："昨天，我在五虎山的密林里发现了一种彩蝶，不过，不敢担保就是台湾品种的。""真的?""嗯，我打算再去一次。""我也去！"我连忙说。

星期天，我和他骑车出发了，不知骑了多久才到了五虎山下。我们一直往林中走去，这里没有人家，十分荒僻，头顶上枝叶密密层层，连巴掌大的天都看不到。刘飞对这里似乎很熟悉，我想他一定不只来了一次。我们走到一片空地边上停下来，这里遍地都是野花。我们伏在灌木丛边。大约过去半个钟头，太阳出来了，只有几只白蝴蝶在飞着。我们已经被蚊咬得够呛了，我不时地拍打着蚊子，刘飞却一言不发，紧盯着草地。又过了很久，一只斑斓的彩蝶悠闲地飘过来，落在野花上，翅膀一抖一抖的。我正要冲上去，刘飞拉住我，丢出一只拴了线的彩蝶，那野花上的蝶一下被引了过来，被刘飞一只手执杆，一只手捏着网底，由上而下娴熟地一扣，接着装入盒中，用大头钉固定好，随后又接连捉住好几只。他拿出照片一对照，其中的一只与照片上的几乎一模一样：宽大的镶着金边的翅，上面点缀着紫红的斑点，下端有个凤尾状的突起，在阳光下泛出耀眼的光芒。他激动地说："看！台湾品种的！"我们紧紧拥抱在一起，在草地上打了好几个滚……

几天后，我送他到机场，他接到通知，要把展品——凤尾蝶送到北京去了。想起这一年来的辛苦，真是：有志者事竟成啊！

望着远去的飞机，我不由地回想起刘飞说过的一句话："总有一天，我们祖国统一了，那时，我要到台湾去，那里一定会有更美更多的蝴蝶……"

[评析]

"宽大的镶着金边的翅，上面点缀着紫红的斑点，下端有个凤尾状的突起，在阳光下泛出耀眼的光芒。"这就是使刘飞为之"憔悴"的凤尾蝶。孩子们查资料，爬山钻林，为的是能给中国蝶展补上台湾蝶的空缺，他们不愿金瓯残缺。捕蝶已不是嬉戏，而是怀着崇高的目的的行为。当刘飞带上这凤尾蝶登机远去的时候，作者发出了有志者事竟成的感慨。美丽的凤尾蝶，引得他们学习钻研，引得他们在艰难的环境中磨炼，还引导他们认识了"志"与"成"的关系。大自然真是青年人的良师啊。

文章以"我"的见闻为线索，使情节展开很有层次。"我"的怀疑、动摇，而最终成了捕蝶好助手的记叙，使情节发展起伏有致，突出了刘飞执著的追求，也表明作者在捕蝶过程中了解了朋友，了解了自然，锻炼了自己。

[例文69]

我们的实验

北京景山学校高一　孙　姗

面对一个中等条件的中学生物实验室，我们本来应该心安理得地选择常规的小课题，但乐观的指导老师偏不。他说："充分利用你们的想象，这是你们自己的实验，什么都可以选。”我们完全没有料到作为初学者参加实验，就可以选一个真正感兴趣和急于了解的课题。后来才明白，也只有初学者才有这样的特权，而实验条件在这里只是一种次要因素。

选题的意见最终统一到了“生物与磁场”的范畴。市场上的磁用品效果出奇好，磁疗法风靡一时，但在“生物体与磁场的关系”这方面的研究十分有限。面对这样一个近乎空白的领域，我们的兴趣和好奇心全来了。如果面前只摆了两个概念——“生物”和“磁场”，那是非常可爱的事，可以尽情想象。只要一进实验室，“生物”就会逐渐降格，变成“动物”——“小动物”——“昆虫”——“实验昆虫”——“家蚕”；“磁场”也由几片不起眼的磁钢代表了。这样，原来的“生物与磁场”变成了现在的“家蚕与磁钢”，但后者说起来显然不够味儿。不过，实验就从这里开始。

起步艰难。

在全无先例的情况下设计实验，自由是自由，但总有身子悬在空中的感觉。磁钢怎么摆放，什么时候作磁场处理，怎么处理，甚至家蚕怎么喂养……每一件最细小的事都成问题。

就在一切还都没有头绪的时候，第一批小蚕已经破壳而出了。大家手忙脚乱，对这些小宝贝爱也不是，恨也不是。它们却不管，只顾抬头找吃的。桑叶还没有发芽，我们只好将就些，拿泡过的茶叶、蒲公英的嫩叶子喂它们。小蚕太小，谁也不清楚它们到底吃过没有。几天后，发现小部分蚕长大了点儿，大部分没影了。有人说供实验用的昆虫享清福，不劳而获，这次算是例外了——那些没影儿了的“烈士”们称得上是死无葬身之地。长大的蚕儿逐渐变得漂亮了，身子不再是又小又黑，显出浅浅的银灰色来。

家蚕是一种完全变态的昆虫，它的一生要经历卵、幼虫、蛹、成虫四个阶段。智慧的古代中国人发现蚕丝可以纺织，就将生长在野外桑树上的野蚕种人工饲养驯化，此后遂有那一条银光闪闪的“丝绸之路”飘向西方，这种纺织的工作也一直延续到现在。我们的实验对象就是从卵到成虫四个阶段的家蚕，其中幼虫期是家蚕成长过程中最重要的时期，它要在这个时期内补给养料。从卵孵出到熟蚕吐丝结茧，大约需要三十天多一点。幼虫刚出壳时呈黑色，不到三毫米；长到一定时候蜕皮，身体随即增大一圈，这样蜕皮四次之后，才能吐丝。这时的蚕有五六厘米长，小姆指粗，银灰色的，的确算是个大家伙了。由于营养不良，我们的第一批蚕发育不正常，有的甚至还不到龄数就开始吐丝，大概是实在不堪忍受虐待。含冤而死的蚕有十几条的时候，工作才有了进展。实验的设计逐渐在头脑中成形，并且日趋完善了。

天气转暖了，桑树发芽了，我们的蚕有桑芽吃了。没几天，桑树的小叶长出来了，食物就不用愁了。养蚕用的搪瓷盘从温箱中移到室内的桌子上，蚕儿长得越发英俊。

记不清食品危机从什么时候又开始了，只记得市内桑树喷了杀虫剂，蚕吃下喷过药的叶子，身体发黄，抽搐不止，最后蜷缩成一团死去，恐怖极了。于是到处求援要桑叶，邓老师为此还跑到十几公里外的朋友家中去。

蚕一旦长大，食量非常惊人。它们用头中间的一条缝沿着叶子边缘嚓嚓地向下一顺，叶子就少了一点儿；头上下摆动，一会儿就在叶子上造成一个大凹陷。看蚕吃东西是一种视觉上的享受，呆呆地能看个把小时，直到它把一大片叶子全吃下去，自己也巴不得咬一口。蚕的身体似乎并不显大，精力却旺盛极了——依旧昂起头找叶子，一副乞丐的样子。安静的时候，闭上眼睛听一堆蚕儿吃东西，便是听觉上的享受了。沙、沙、沙……真像一首动听的歌呢！

实验设计完成了，大家讨论一下，觉得还可行，就按部就班各司其职了，一天一天作记录，改计划，讨论。那时候我们才看出，我们的力量与面对的目标相比是多么渺小，我们前边是一个真正广阔的奥秘无穷的世界。也想过放弃，只是舍不得。硬着头皮再走几步，回头一看，心里才亮堂多了——再伟大的事业也要跨出渺小的第一步，伟大是一步一步走出来的。

还是接着观察，记录，讨论，修改计划，采桑叶。暑假到了，每天大家轮换着到学校两次，邓老师把夏令营辅导员的活儿全辞了，整个暑假和我们一起泡在学校。关于暑假的记忆很淡漠，很零乱，只有一些永远丢不掉的片段：

天气热，蚕大批死亡，往地上洒水，用电扇吹，还是不管事；

邓老师的家人被石灰烧伤了大块皮肤，他跑遍全城买药累得半死还跑回来看我们和蚕；

记录本上的数据越来越多，矛盾也越来越多；

计算机房里，冷气机轰轰作响，沙哑的声音读出成百上千个数据，机械的手指记下莫名其妙的计算结果，直到眼睛发绿；

还有，就是蚕的头从上摆到下，叶子凹陷越来越大；

每天下午从实验室直奔游泳池，游泳距离从百米到千米再到没完没了地游……

最后一批蚕儿吐丝了。它们的头上下左右摇，身子扭动着，把自己包裹在银白色的丝巢中，自身的体积越来越小，外边的浅黄色的皮也变小而松皱起来。丝密到看不见里边了，轻轻举起它，透过灯光观察，里边的小生命还在不停地摆着头，吐着丝，直到耗尽最后的气力。

可惜论文中不允许出现上述的任何细节，论文的思路要清晰，语言要精练、准确，结构要严谨。写论文的那几天，有时恨不能从楼上跳下去，大热天里急得手脚冰凉。每天例行的游泳更加必要，在清冷的水中往返，让手脚机械地运动，用冷静的大脑思考。沿着游泳池一侧来回游几十趟，论文就又完整了一些。

剩下的话，应该由论文自己说了。作为作者，我们很清楚此文应有的地位，从这种意义上讲，它所得到的荣誉显然是太多了。这是违背我们初衷的。论文中不科学、不严密、不确切的地方大概有不少。我们也十分清楚做这件事的重大意义，不在论文之中，而在论文之外。我们离身后的愚昧黑暗又远了一步，离前面的文明之光又近了一些。或许，是在用渺小的步伐走向未可知的一种伟大吧。希望是这样，也应该是这样。

结尾的时候，我要抄录原先准备写在论文开头的一句话——

正如不知道自然界存在多少奥秘一样，人类也搞不清自己的身上有多大潜能，我们相信，这两者都应该是无限的。

[评析]

这篇文章写的是真实的事情。真的有这样一个实验——“磁场对家蚕的生态因子效应”。实验的结果证明：控制磁场这一生态因子，能影响蚕的生长、发育、行为、繁殖、遗传，证明磁场是可以改变生物新陈代谢的准生态因子。这项实验的论文获1990年全国昆虫考察竞赛一等奖；1992年当孙姗即将成为北京大学生物系的新生时，她参加了在北京召开的第19届国际昆虫学年会，在会上用英语宣读了自己的论文，成了当时与会者中最年轻的一位。

孙姗爱生物，更去研究生物。这样大自然所给予她的就不仅是感官上的享受，她在文章结尾处这样写：“正如不知道自然界存在多少奥秘一样，人类也搞不清自己的身上有多大潜能，我们相信，这两者都应该是无限的。”这是大自然给她的启示，是大自然——人类的老师对她的谆谆教诲。

这种类型的文章不是单纯的说明文，但又要让读者明白实验的基本内容、情况，离开说明不行；这种类型的文章不是纯散文，但又必须放得开，收得拢，要用散文笔法去写。孙姗能运用恰当的表达方式，使文章中心突出，又情真意切。

语句平实如话，语气平缓，作者像是向读者诉说，如数家珍，说说实验的初衷，说说实验过程中的酸甜苦辣，也说说收获和所受到的启迪，自然轻松，和谐优美。

[例文70]

失去的天堂还能回来吗？

深圳财经学校8903班　郭　琰

就要回到我魂牵梦绕的故乡了！这使离家七八年的我颇不宁静。刚踏上火车，我就巴不得一下子飞到久别的家乡。心里想着时常被重重的山雾遮掩中的家乡的模样，想着那童年的小伙伴们，想念那会讲故事的奶奶。想着想着，不觉一阵倦意袭了过来。哦，已经两天没合眼了。我打了一个呵欠，就倚在妈妈的怀里睡着了。可能是思乡心切吧，我做了一个梦。在梦中，我竟飞过迷蒙的烟雾、苍茫的群山、秧苗青青的田野，绕过燃烧着火红山茶花的山坡，穿过飘着芬芳气息的小白花橘树……飞啊，飞啊，直到停落在故乡的大榕树上。

故乡里的情形，有些已记不大清了，唯有那大榕树，和在榕树下发生的一切事情还是时时记起，它竟成了故乡留在我脑海里的标志。

大榕树的腰要三个人才能合抱。听奶奶说是明朝时种下的，差不多有三百多年了。它周身疤痕，大一块，小一块，在疤与疤的缝隙之间长着长长的棕色的“胡子”。树上的叶子好密好密，密得不透一点风，不透一丝光，也不透一滴雨。夏天最炎热的时候，榕树下的绿荫就成了人们最好的纳凉处。树上聚集了各种各样的鸟，有麻雀、黄雀、八哥、布谷、画眉、燕子……可数量最多的还是麻雀。大榕树真可谓是“鸟的天堂”。我们常上树掏麻雀蛋，还用弹弓去打麻雀，在农村孩子心中，别的鸟都是好鸟，只有麻雀是偷吃粮食的坏蛋。后来有一次打麻雀时被老师看到了，她告诉我们，麻雀虽然吃了粮食，但它们也吃了许多害虫。从此，我们消除了对麻雀的敌意，不再打麻雀，也不去掏它的蛋了，而且还跟着老师做了许许多多花花绿绿的鸟窝，钉在树上。帮鸟筑巢，让鸟减轻筑巢的负担，算是表达我们对麻雀的歉意。

榕树下还是我们的天堂，只不过，玩的方式改变了，玩爬上树的蚂蚁，用竹竿粘“知了”，用水灌蛔蛔洞，逼着它跳出来。在静静的夏夜，坐在榕树下，听奶奶讲故事，听爷爷“叭嗒叭嗒”抽旱烟，摸摸爷爷被风霜刻下皱纹的粗糙的手，像大榕树一样粗糙……

“呜……”火车高叫着开进了车站。

“啊，到了！”终于到了，四哥已经在站台上等着了。

农村的变化真大呀，高耸着的许许多多的大烟囱，一排排新建的厂房，汽车奔驰在柏油马路上，田里只见拖拉机在耕作。以前只是听四哥在信里介绍家乡的变化，这次可是眼见为实了。

唯一没变的是好久没有听到的叫卖声：“资格冰水，资格冰水！”

“娃娃冰淇淋——”

高兴之余，我总是觉得缺少了什么。对了，大榕树！家乡的大榕树呢？过去一下火车就能看见，现在怎么不见了？

“砍了，建了厂房。”四哥的回答简单到不能再简单了。可我好像在听外星人讲话，一点也听不懂了，直到再次得到证实，才相信，榕树真的没有了。我也觉得丢了魂。

“可那树上的鸟呢？那些鸟窝呢？”

“傻瓜，树倒猢狲散，自然都飞走了！”四哥见我不信，又说，“你不信？树桩还没挖掉，留在那儿，好大呢！”

我顺着四哥指的方向走去，一个光秃秃的树桩，上面布满一圈圈不规则的年轮，已经模糊不清。那树叶，那鸟鸣……都只是美好的回忆了！我忽而想起老师说过的话：“人类环境正日益受到严重的破坏和污染，森林减少，人类生存的空间受到威胁……”我真体会到老师这几句话的意思了，我真不敢想像象，这对我们意味着什么？

是啊，我童年时的“鸟的天堂”已被人类无情地、甚至是残忍地破坏了，那么，人类的天堂——地球会被谁，在什么时候破坏了呢？是被人类自己吗？真是太可悲了，太可怕了。我真诚地希望人们能够像我们给鸟筑巢一样，保护我们人类的“巢”。“鸟的天堂”能失而复得吗？人的天堂能不被破坏反而日益美丽吗？

［例文 71］

小鹤飞走了……

东北师大附中高一　顾建敏

这儿好美好美。

蓝蓝的，像大海一样的天，下面，是碧绿碧绿的，看不到边的大草甸子。在很远很远的地方，天与地融在了一起，蓝和绿便一起融进了淡淡的雾气中，“大海”与小草也一起融进了蒙蒙的烟霭中……

我的家就在这儿。每天，我都和好朋友清清到草甸上玩儿。那草甸子上有好大的苇荡，也是绿色的，那水那么清那么纯，水面也映满了绿色。

我们总愿意在草地上比赛翻跟斗，摇着小船在苇荡里捉迷藏，可我们顶喜欢的，还是听各种鸟叫，看各种鸟飞，欣赏丹顶鹤跳舞……

这儿住着很多很多鸟。每年春天的时候，鸟儿都在这里“唱歌”：有轻盈的云雀，勤劳的金腰燕，唱得最好听的黑枕黄鹂，又笨又胖的野鸭子，还有顶漂亮顶漂亮的丹顶鹤……

丹顶鹤都住在苇荡里。它们的腿又细又长，身上披着雪白的翎毛，只有颈部和尾部是黑色的，头上还顶着红红的“峨冠”，漂亮极了。

因为草甸子上有“舒适”的苇荡，清清的水，水里还有很鲜很鲜的鱼儿，所以，丹顶鹤每年春天都来这儿孵小鹤。它们要飞起的时候，便迈开长长的腿快跑几步，然后用力扑扇大翅膀，身体成一条直线，便飞了起来，轻轻地，像一片片白云，无声地飘来飘去……它们还喜欢在阳光下跳舞。阳光是金色的，绿草、丹顶鹤也是金色的了。它们时而踩着轻盈的舞步，时而拍拍翅膀便离开地面，又轻轻落下，还会发出响亮、好听的叫声。我和清清常常趴在草地上，看得入了迷，就学丹顶鹤的叫声，丹顶鹤也常常随声应答。每当这时我都告诉清清，丹顶鹤是在回答我，可她就是不服气，她说，还是她待小鹤好……

可是不知从什么时候起，清得一眼可以望到底的河水变得混浊了，发出一阵阵难闻的臭味，水面上，还常常漂着死鱼。

听妈妈说，那是城里的一家化工厂，把许多脏水排到了河里，那儿的河水又把脏水带到了这儿。

草黄了。不再是从前那样的青青；鸟儿飞走了，再也听不到那迷人的“音乐会”了。

我和清清还是每天去看丹顶鹤。可它们好像都很累了，总是无精打采地站在那儿，不再轻盈地跳好看的舞了。是嫌这儿的鱼不好吃吗，还是遇到了什么不愉快的事？

我们发现许多小鹤刚刚出世不久就死了，它们的爸爸妈妈都那么伤心。有一天，我和清清在一个窝里发现了两只小鹤，窝边，还躺着一只大鹤。它躺在那儿，一动也不动，脖子上的羽毛已经掉光了。

它死了。好可怜。

“也许是狼吧?”我轻声问。

“不!”清清使劲儿摇了摇头，“要是狼就会把它全吃光的。”

“那是吃坏鱼吃死的吗?”

清清没有做声。她慢慢抱起了大鹤，我默默地跟着她。

我们为大鹤举行了“葬礼”。清清哭了，我也哭了。清清用锹使劲儿挖土，我也帮她挖。我们给大鹤挖了一个大大的坑，好让它在里面舒服一些。清清送给它一大束野花，我给大鹤系上了心爱的蝴蝶结……

两只小鹤没有妈妈了，我们决定照顾它们。我把我的那只腿上系上白线，给它起名叫“雪儿”；清清则给她的那只腿上系上红线，起名叫“红红”。

我们每天都去看两只小鹤，给它们带“好吃”的，可它们并不喜欢，它们最愿意吃我们好不容易弄来的鲜鱼。

小鹤慢慢长大了，一直长到了秋天。它们该走了，可身体还很瘦弱。我和清清都极力想把两只小鹤抱回家去，让它们在家里过冬，但它们不愿意。

终于有一天，当我们来到苇荡看它们的时候，再也找不到两只小鹤了。小鹤飞走了，和其他的鹤一起，飞走了。

“它们不会回来了。”清清对我说。

我不愿相信，可我相信。

春天又来了，草儿却不像从前那样绿。今年的春天安静极了，小鹤没有回来，许多鸟儿都没有回来。

小鹤会找到一个像从前的大草甸子那样的地方吗?我真担心。

假如风儿会传话，我一定请它问问小鹤，假如有一天，这的水又像从前一样清，这儿的草又像从前一样绿，这儿的鱼又像从前一样鲜，它们，还会回来吗?

[例文 72]

宇宙应该是和谐的

杭州学军中学高一　龚　刚

人说："上有天堂，下有苏杭。"

我住在杭州，又有幸住在西子湖畔。朝可赏旭日东升，夕可餐湖山秀色。杨柳桃花为陋室增辉，十里荷香给我解暑驱愁……假如这时有人来问我，"住宅与环境，哪个为先？"我将毫不犹豫地告诉他："环境为先。"

去年年初，我家分到了一套远离西湖的住宅：一厅三室加南北阳台，爸爸的书房有了着落。我读高中了，也希望住单间，有个安静的学习环境。此时此刻，要是有人来问我："住宅与环境，哪个为先？"我将不假思索地回答："住宅为先。"于是，一家人高高兴兴地搬进了新居。

乔迁之喜，使我着实兴奋了一些时日。布谷催春，我沿着住宅后的西溪河，兴冲冲地去寻找明清文人咏叹不绝的西溪梅花。不是说"冰梅万树"吗？可梅花在哪儿呀？连影儿都不见。映入眼帘的，尽是污黑的河水，随风送来的，无非是浓郁的腥臭。我感到一种失落诗意画境的怅惘。这难道是历史上负有盛名的风景区吗？从此，我再不愿站在阳台上看那混浊枯涩的溪流，也不愿打开北窗，以防那趁虚而入的腥味。

有优美的环境，而得不到良好的住宅；有了舒适的住宅，却又失掉了美好的环境，住宅与环境，到底哪个为先？看来，两者都重要。最理想的境界，便是住宅与环境达到和谐。

于是，我产生了遐想：保留一厅三室并配有电气的住宅，倒回一世纪前西溪的环境；推窗眺望“溪影连云，冰梅万树”，信步流连“荫荫桑柘绿遮门，漾炊烟渐迷香雾”。那不是通过“时间差”，取得了住宅与环境的和谐吗？

随之，又产生了联想。据闻，素以美丽著称的莱茵河遭到了严重污染，分布于河两旁的居民怨声载道。有的宁可抛弃豪华住宅而搬迁，去寻找具有野趣的新环境安家，以此摆脱工业化污染的困扰。那不是通过“地域差”取得了住宅与环境的和谐吗？

不过，遐想毕竟是遐想，时针难以逆转，逃离也不是解决问题的根本途径。

当今世界，遭到污染的已不仅仅是一条条河流、一座座城镇了，业已蔓延到一片片地区、一个个国家，甚至污及无垠的海洋与蓝色的天空……这是现代社会所面临的巨大挑战。我们只有正视现实，正视危机。除此而外，任何消极退避都于事无补。更重要的是，我们应当看到，现代居住环境的污染，是人类在物质文明发展过程中，追求更高层次的和谐时产生的新问题。这不是倒退。相反，恰恰标志着人类文明在不停地推进。

考古学家告诉我们：远古先民的住所，无论是仰韶文化的遗址，还是河姆渡人的村落，都位于河流沿岸的山岗、台地上。这些地方，地势高，没有水患，却又便于取水和猎获来河边饮水的兽群。

基于生存的需要，原始人类运用有限的智慧，求得了住宅与环境的和谐。这种最质朴的和谐，很快就被社会生产的发展所打破。随着青铜时代、黑铁时代的到来，随着秦砖汉瓦、唐彩宋雕的风靡，人们走出了洞穴、泥棚，住进了瓦房、厅堂……与此同时，人们对环境的需求也不再限于大自然的恩赐，村前开塘，街旁掘井，庭前栽花，宅后种树……通过对小环境的改造，人们求得了更高一层的和谐。

而今，这种自然经济时代的和谐，遭到现代化生产的强大冲击。人类的住宅与环境又趋向新的不和谐。产生这种不和谐的根本原因，正是环境污染。怎么办？面对危机，我们难道去附和那些“世界末日即将到来”之类的悲观论调？不能！我们要采取行动，就是奋起接受全球性环境污染的挑战！

英国泰晤士河因污染而得治理，日本战后发展阶段受污严重的环境，至今已得改观。这些，都给我们带来信心和鼓舞。

再以我们杭州为例，街心花园的开辟，城市雕刻的涌现，中东河的综合治理，钱塘江水的引入西湖……所有这一切，都向我们显示了向环境污染开战的宏伟气势。

爱因斯坦说：宇宙是和谐的。

是的，宇宙应该是和谐的。我们深信，总有一天，住宅与环境又会和谐起来，而且将更持久，更完美……

[例文 73]

地球给全人类的信

杭州学军中学高一　沈康克

亲爱的全球公民：

你们好！

我就是你们居住的星球——地球，四十五万年前诞生在太阳系，而后，一代又一代的生命在我身上繁衍，一批又一批的物种在我身上出现。

首先，我趁一年一度的“世界环境日”到来之际，向你们表示深深的感谢。感谢为改造我的面貌而辛勤劳动的人们，感谢全世界的环境保护工作者。如今，越来越多的环境组织创建起来，表明人类已把环境保护工作逐渐提到重要的地位。

尽管如此，我还是要诉说，我还是要疾呼：SOS

看看吧，曾经体魄健壮的我如今已是伤痕斑斑。原先七十六亿公顷的绿色皮肤仅存三十八亿公顷，大部分脱落，侵蚀成黄色的疮疤；大片的森林被戕害，繁荣的绿洲被吞噬成渺无生灵的茫茫沙漠……森林，绿色的金子，它对世界起着净化空气、保持水土、防风固沙、调节气候、美化环境的作用。可是，每年竟有一千一百多万公顷的热带原始林遭到毁灭性破坏，每天就有一个物种被灭绝。放下你们的斧头吧，那些愚昧无知的人们！我好痛惜啊……

“水的行星”，这是天文学家对我的特称。我的体表有四分之三被水覆盖着。水对于我，就像你们身上奔流不息的血液。它使我这个“生命的摇篮”孕育出世界各民族的文化精华。但是睁大你们的眼睛吧：正因为森林遭破坏，造成水土流失，湖泊干涸，山洪喷发，淡水酸化，地下水枯竭，引起世界性淡水短缺……这一系列的恶性循环也是由某些鼠目寸光的人造成的。我简直不敢相信，水源仍遭受着污染，破坏仍延续着，试想，再过一些年，全球淡水将会产生多大的危机，SOS……

随着人类科学技术的高度发展，我确实出现了日新月异的变化，不用说那几百颗同步卫星，单是那鳞次栉比的高层建筑和曲径通幽的台榭亭楼并存于世，就足以使我欣喜万分。但摆在面前的污染问题甚为严重，各大工厂排出大量废气、毒气、废水……大气污染，水污染，食品污染，土壤污染，噪音污染……天空不再明净，城市出现怪雾，动植物大批死亡，大气中的一氧化碳、碳氢化合物和粉尘等固体颗粒增多。就连我身体的保护膜——臭氧层也在疏散，导致了太阳过多的紫外线危害人类。又有多少人因环境污染而备受病痛折磨。

公害，公害！这无疑仍要归咎于你们，SOS、SOS……

你们，宇宙的主宰者，大自然的开拓者，大自然的和谐、繁荣是你们创造的，但依然需要你们去保护和恢复，否则，我将成为一个灰色的星体。

噢，SOS，把我从污染的魔网中解救出来吧！还我绿色的植被，还我高爽的天空，还我清澈的江河，还我清新的空气！用智慧去战胜愚昧，用科学去挽救大地。世界需要美的环境，我自然也需要亿万美容师用七彩的神笔来装点。

希望可爱的生灵长驻大地，希望人类的欢歌笑语永存。

祝愿明天更美好！

永远是你们的朋友：地球

1987 年 6 月 5 日

［例文 74］

给环保局长的一封信

福州三中高一　齐　斌

局长同志：

您好！我是一个与您素不相识的高中学生，给您写这封信的用意是向您反映一个问题。现在，假设在您的面前有一台录像机，我给您放两段录像。第一段录像：夏日黄昏，一条清澈见底的小河，河水中，成群的小鱼、小虾自由自在地游动、嬉闹，在翠绿的水草中忽隐忽现地穿梭着；三三两两的人们，脸上含着微笑，迎着习习的晚风，漫步在河边上……一切都融在和谐的夕阳余晖之中。第二段录像：夏日傍晚，眼前是混浊的一片水的天地，分不清哪是路，哪是河道，水上漂浮着污垢、垃圾，人们扛着自行车，慢慢地探路，涉过齐腰的污水，皱着眉头，面含愠色……周围的景色似乎变得那么暗淡、萧条。

局长同志，您看了这两段录像后，有何感觉？有何想法？我想，您一定会喜欢前一段录像的，因为它能给您以美的享受；您一定会厌恶后一段录像的，因为它是那么不美。可是，您也许并不知道，这是您所管辖的地区内——福州火车站至桂山的一条必经路旁边的一条河所出现的前后不同的情景。也许您由于工作忙而没有闲暇走过这条路，可我却是这条路上的常客。当然，对于后者我是深恶痛绝的。

局长同志，这是为什么呢？究其原因，固然是多方面的。但从主观上来说，根源还在于人们自己，是人们平时没有很好地保护这条河的环境。例如：在河源头，砍伐了树木，造成了沙土流失和淤积，使河床升高；有关部门在安装输水管时，把粗大的输水管横穿过这条河，犹如一条条巨蟒钳住了河的主动脉；更有甚者，一些人经常向河内倾倒垃圾、废物。一条本来就并不宽阔的河，怎能经得住这重重的“负荷”，待到雨季来临，河水流量增大了几倍，其后果便可想而知了。由于人们不注意保护河的环境，当然遭到了河水泛滥时的惩罚：鱼池中鱼被冲走；正在抽穗的稻子被连根冲起；交通要道被淹没……这一切无不说明保护环境与国计民生有着多么重要的联系啊！

局长同志，难道您会视而不见，袖手旁观吗？不，我相信，您绝不是这种人。去年，也许就是在您的指挥下，整治了福州市的内河，使内河的面目焕然一新。然而，还有一部分人对环保工作缺乏清醒的认识，还意识不到造成危害的根源是人自己，他们还在直接或间接地破坏河的环境。这不是几个或几十个人的问题，而是一种普遍的社会现象。因此，要彻底地治理这条河及其环境，我认为要从根本上入手。首先，要先治理人们的思想。可以在报纸上宣传有关环境与人类的关系，保护环境的重要性及如何保护，可以拍一些有关环境保护的电影、电视，开展一些环境方面的知识竞赛等等。其次，福州市范围较广，为了能够及时了解情况，可以在各地设置“环境保护监督员”，以便及时掌握各地的环保情况。第三，可以采用分段包干的办法，由专人负责，定期进行评比。认真负责、成绩显著的集体或个人应予表彰，对于毁坏、污染河道的集体或个人应予处罚，以促使人们更好地保护生活环境。

福州是对外开放的城市，又是福建省政治、文化、经济的中心，因此，福州应该是美丽的城市。我憧憬着在不久的将来，福州将建成象花园一样美丽，充满生机和活力的文明城市。这也许正是您的奋斗目标吧？局长同志，您说呢！

此致

敬礼

福州三中高一学生　齐　斌

1987．3．20

[例文75]

漫说自然资源的保护

苏州中学高一　邹　磊

在我们伟大祖国广阔的土地上，有着广大的肥田沃土，给了我们衣食之源；有纵横全国的大小山脉、高原、平原，给我们培育了茂密的森林，生长着珍禽异兽；有着众多的江河湖海，供我们航行和灌溉……

我国的自然资源极其丰富，然而资源破坏现象却很严重。

作为中华民族象征之一的黄河，是世界上含沙量最大的一条河。根据河南省陕县水文站多年的观测资料，平均每立方米的河水含沙量达三十七公斤，暴风雨时最多超过六百公斤。每年约有十六亿吨泥沙输往下游，占全国外流总输沙量的百分之六十。黄河怎么会有这样多的泥沙呢？主要是黄河中游地区滥伐森林，加重了水土流失。可见，禁止乱砍滥伐是保护自然环境的一个重要环节。

保护森林，禁止滥伐，也是保护森林资源的一个重要措施。

我国适宜植树的地区很广，森林树种也很广，但现有森林面积只占全国土地总面积的百分之十二点七。同世界各国的平均数百分之二十二相比，我国属于少林的国家。同时，森林的分布又不平衡，跟我国大规模建设和环境保护对森林资源的要求很不适应。再加上偷砍偷伐，不仅造成许多河流的泥沙过多，而且很多富饶的地方变成了荒漠。曾是“天苍苍，野茫茫，风吹草低见牛羊”的鄂尔多斯草原，如今却是“黄沙滚滚来天半，一半草场沙里埋”。

所以，为保护森林资源，不仅要制止滥伐，防止森林火灾，而且还应大力提倡植树造林，减轻水土流失，改善工业发展所带来的严重大气污染，使荒漠重新变成绿洲，使动植物繁茂起来，促进生态平衡。

我国大陆边缘的海洋，多是辽阔的浅海区。这里，海水浅，太阳光可以射到海底，海洋生物丰富，吸引了大批鱼群，海洋渔业资源相当繁茂。大部分鱼有较高的营养价值，是人类的主要食物。有些鱼可用做药材，有些具有相当的经济价值，可为国家赚取外汇。

可是有些单位和个人为了私利，盲目地捕捞，甚至连鱼苗都不放过。广东湛江附近有个叫硇（náo）洲的小岛，盛产龙虾、鲍鱼等。近年来，岛上出产的鲍鱼越来越小了，大鲍鱼已不复可睹，中鲍鱼也异常稀少。海产小购买站买进的鲍鱼干，竟有一斤达五六百粒的。鲍鱼如果让它充分发育长大的话，一个可重达两三斤。鲍鱼越重售价越高。如果盲目捕捞，甚至连小鱼苗都不放过，不仅在经济上会造成损失，而且也严重影响了海洋渔业资源。试想，大鱼被捞掉，小鱼又被捕捉，那鱼类又怎样繁衍下去呢？

海洋渔业资源的利用和发展，也是一个国家发展快的重要因素。因此，我们必须积极保护渔业资源，做到计划捕鱼，并且大力发展养殖业。

当然，保护野生动物资源，也是新时期重要任务之一。野生动物是自然环境中不可缺少的组成部分，它们与人类关系十分密切。我国野生动物种类丰富，有些是比较稀有的，甚至是世界上濒临灭绝的，如丹顶鹤、熊猫、东北虎等等。在这些野生动物中，有些是有益的，有些是有害的。因此我们必须合理利用、保护、发展有益的动物，控制或消灭有害动物。然而由于人们的无知，野生动物，特别是一些较珍贵的，还是遭到了盲目屠戮。如，现在整个东北山野里，自然存在的东北虎只有几十只，在山弯林密的伊春地区只存五只。熊猫，在国际市场上标价为一二十万美元，也有无价之市，可是有人却偷偷在森林里射杀了熊猫，剥了皮、熬了油，肉被当做肥猪般宰来吃。多么愚昧无知的人！这对国家造成了多么重大的损失！

我们应把植树、爱鸟，禁止滥伐乱捕，保护生态平衡看做是两个文明建设的一个重要方面。为子孙后代造福，把我们的家园打扮得更美丽，把祖国建设得更富强。

[评析]

习作70~75六篇，是中学生笔下的自然界吗？也许有人会问，它们和这册书中的其他文章可是大不相同的啊。

的确，这六位作者的写作意图并不只是描绘自然、欣赏自然，而是以理智的眼光、科学的态度对待自然世界，这是不是人的知识水准提高的一种表现呢？这是不是人的素质提高的一种反映呢？他们担心自然界被破坏，他们大声疾呼人们要保护大自然，保护这人类的天堂——地球的清洁、美丽。他们的笔墨不是为大自然唱赞歌，而是描写自然界受到破坏的严重现状，科学地分析原因，提出保护自然、净化自然的种种方法措施。我把这一组文章也收进这本书，是赞赏这几位青年人的眼光、心胸、学识。我觉得这是青年人对自然认识的一种深化、科学化，现代文明发展到今天，人类对自然的认识应该有这样的一个层次。

从写法看，这几篇文章给我们提供了有益的借鉴。

《失去的天堂还能回来吗?》、《小鹤飞走了……》、《宇宙应该是和谐的》三篇文章，立足于自己的见闻，家乡的、日夜思念的大榕树被砍伐了，而砍伐者并不以为然；心爱的小鹤还会回来吗？是谁使它们“家破人亡”；由自己迁新居，想到环境与住宅要和谐。三篇文章以叙述为主，以亲眼所见为依据，又不囿于一时一地，而是由局部想到全局，放眼寰宇，阐明要保护自然界这一主题，表达自然而有说服力。《小鹤飞走了……》曾获吉林省环保征文大赛一等奖第一名。

《宇宙应该是和谐的》一文，虽然重点在于对事理的阐述，但多处引用民谚、古典诗文佳句，洋溢着淡雅的抒情气息。说明事理的部分文句的语气舒缓、从原始人类住宅与环境的质朴的和谐，说到随着社会生产的发展，人类“通过对小环境的改造”求得住宅与环境“更高一层次的和谐”，说到由于“现代化生产的强大冲击”，而今“人类的住宅与环境又趋向新的不和谐”。由西湖的污染，联想到“素以美丽著称的莱茵河”两岸的“居民怨声载道”，联想到泰晤士河的治理。娓娓道来，提起了人们的阅读兴趣。文中不仅列举现象，还提出了目前产生的住宅与环境的矛盾是“人类在物质文明发展过程中，追求更高层次的和谐时产生的新问题”，认为对此要有认识，要采取行动，而不能去“附和那些‘世界末日即将到来’之类的悲观论调”。文章立意不凡，具有进取的观点，反映了作者对事物认识的深度。此文曾获杭州市1987年《环境与居住》征文一等奖。

《地球给全人类的信》、《给环保局长的一封信》形式活泼新颖，以书信的形式便于直白地陈述自己的看法、观点，更直截了当。

《地球给全人类的信》模拟地球的语气，多次重复SOS，口气急促、恳切，向人类呼救，突出大自然受污染的严重。文章从几个方面揭示公害的威胁，材料丰富，以说明清晰见长。

《给环保局长的一封信》的作者，从自己生活感受中领悟出环境保护的重要性，萌发了给环保局长写信的念头。从现象说起，设计用放录像的形式，更真实可信。信中有善意的批评，有中肯的建议，提出三条具体措施。不是以旁观者身份去肆意挑剔，横加指责，而是以主人翁的态度谈自己的看法，提合理化建议，这封信不重词藻华丽，却以朴素感人，推心置腹，言辞恳切。

《漫说自然资源的保护》是一篇环保科学小论文。作者从四个方面论述自然资源的保护，防止水土流失，保护森林，科学开发、利用海洋渔业资源，保护野生动物资源。每一个方面又从现象入手，继而分析原因，提出措施。四个方面不是平均使用笔墨，有详有略。论据充实，材料组织得当，层次分明。语句富于论辩性。

●练习设计

一、仿写片段练习

下面是几段描写自然景物的文字，请认真阅读，分析写作上运用的方法，结合自己的见闻、感受仿写。

1. 报春的燕子往来穿梭，空中充满了它们的呢喃的繁音；新生的绿草，笑眯眯地软瘫在地上，像是正和低着头的蒲公英的小黄花在绵绵情话；杨柳的柔条很苦闷似的聊为摇摆，它显然是因为看见身边的桃树还只有小嫩芽，觉得太寂寞了。

2. 七月初的天气，简直迷人。梅雨刚刚过去，溽暑尚未到来，早晚都有温和的东南风，初试夏季新装的青年男女迎着风去，浅色的绸衫就同打了气似的，饱满中有柔软之感，颇有点飘飘然。

人们的风采也好像格外耐看：梅雨季节带给他们那种昏昏欲睡的倦态是没有了，可又跟初春时节那种眉宇间饱孕着的春之梦幻很不相同——如果勉强用两个字来形容，这是“澄澈”，这是刚从潮湿阴霾中透过一口气来，而又意识到炎炎的酷日不久即将来临，心气宁静，聚精会神的那一种状态。

3. 天空特别高，特别蓝，特别明净，挂着儿片羽毛一般的云彩，特别白，特别柔和。大地是五颜六色的，火红的高粱，金黄的谷子，干了胡的玉米棒子，老了荚的豆秧，连地坡地坎上的野草，都变成墨绿的，结出各种果实和种子，全部显示着心满意足的模样。

4. 大片大片的雪花，从彤云密布的天空中簌簌落落地飘将下来。一会儿，地面上就发白了。夜里，冬天的山村万籁俱寂，什么声音也没有，只听到大雪不断降落的沙沙声和树木的枯枝被雪压断了的咯咯声。

5. 窗外，云团千姿百态，瞬息万变。疏松的平坦的云层，一眼望不到边际，犹如给空中航道铺设了一块巨大的海绵垫子。机翼的侧方，不时有流云向上翻滚，形状奇特，面目可憎，使人联想到埃及沙漠中人面狮身的轮廓。远处，有一朵飘逸的云彩，风流秀丽，漾散开去，好像冰山上盛开的雪莲。

6. 太阳光从东窗进来，被镂空细花的沙窗帘筛成了斑驳的淡黄和灰黑的混合物，就好像是些神秘的文字。

7. 门前池畔有一排树。在寒风冻雨中只剩着一身赤裸裸的枝条。它没有梧桐那样的癞皮，也不是桃树的骨相，自然不是枫——因为枫叶照眼红的时候，它已经零落了。它的一身皮，在风雪的严威下也还是光滑而且滋润的，有一圈一圈淡灰色的箍纹发亮。

因为记得从没见过这样的树，便假想它莫不是樱花树罢！

8. 成群的蜻蜓在树梢飞舞，有时竟扑到绿色的铁纱窗上，那就惊动了爬在那里的苍蝇，嗡的一声，都飞起来，没有去路似的在窗前飞绕了一会儿，仍复爬在那铁纱上，伸出两只后脚，慢慢地搓着，好像心事很重。

二、仿写全文练习

下面两篇文章一篇是写盛开的鲜花，一篇是写种植牵牛花的过程、感受。请仿照这两篇文章仿写两篇，一篇写赏花，一篇写种花（或其他植物）。

紫藤萝“瀑布”

宗　璞

我不由得停住了脚步。从未见过开得这样盛的藤萝，只见一片辉煌的淡紫色，像一片瀑布，从空中垂下，不见其发端，也不见其终极，只是深深浅浅的紫，仿佛在流动，在欢笑，在不停地生长。紫色的大条幅上，泛着点点银光，就像迸溅的水花。仔细看时，才知道那是每一朵紫花中最浅淡的部分，在和阳光互相挑逗。

这里春红已谢，没有赏花的人群，也没有蜂围蝶阵。有的就是这一树闪光的、盛开的藤萝。花朵一串挨着一串，一朵接着一朵，彼此推着挤着，好不活泼热闹。

“我在开花！”它们在笑。

“我在开花！”它们在嚷嚷。

每一穗花都是上面的盛开下面的待放。颜色便上浅下深，好像那紫色沉淀下来。沉淀在最嫩最小的花苞里。每一朵盛开的花像是一张涨满了的小小的帆，帆下带着尖底的船舱。船舱鼓鼓的，又像一个忍俊不禁的笑容就要绽开似的。那里装的是什么仙露琼浆？我凑上去，想摘一朵。

但是我没有摘，我没有摘花的习惯。我只是伫立凝望，觉得这一条紫藤萝“瀑布”不只在我眼前，也在我心上缓缓流过。流着流着，它带走了这些时一直压在我心头上的关于生死的疑惑，关于疾病的痛楚。我浸在这繁密的花朵的光辉中，别的一切暂时都不存在，有的只是精神的宁静和生的喜悦。

这里除了光彩，还有淡淡的芳香，香气似乎也是淡紫色的，梦幻一般轻轻地笼罩着我。忽然记起十多年前家门外也曾有过一大株紫藤萝，它依傍一株古槐爬得很高，但花朵从来都稀落，东一穗西一穗伶仃地挂在树梢，好像在察言观色，试探什么。后来索性连那稀零的花串也没有了。园中的别的紫藤萝花架也都拆掉，改种了果树。我曾经遗憾地想：这里再也看不见紫藤萝花了。

过了这么多年，藤萝花又开了，而且开得这样盛，这样密，紫色的“瀑布”遮住了粗壮的盘虬卧龙般的枝干，不断地流着，流着，流向人的心底。

花和人都会遇到各种各样的不幸，但是生命的长河是无止境的。我抚摸了一下那个小小的紫色的花舱，那里满装生命的酒酿。它涨满了帆，在这闪光的花的河流上航行。它是万花中的一朵，也正是由每一个一朵组成了万花灿烂的流动的“瀑布”。

在这浅紫色的光辉和浅紫色的芳香中，我不觉加快了脚步。

牵 牛 花

叶圣陶

手种牵牛花，接连有三四年了。水门汀地没法下种，种在十来个瓦盆里。泥是今年又明年反复用的，无从取得新的来加入。曾与铁路轨道旁种地的那个北方人商量，愿出钱向他买一点，他不肯。

从城隍庙的花店里买了一包过磷酸骨粉，掺和在每一盆泥里，这算代替了新泥。

瓦盆排列在墙脚，从墙头垂下十几条麻线，每两条距离七八寸，让牵牛花的藤蔓缠绕上去。这是今年的新计划，往年是把瓦盆摆在三尺光景高的木架子上的。这样，藤蔓很容易爬到了墙头，随后长出来的互相纠缠着，因自身的重量倒垂下来，但末梢的嫩条便又蛇头一般仰起，向上伸，与别组的嫩条纠缠，待不胜重量时便重演那老把戏。因此，墙头往往堆积着繁密的叶和花，与墙腰部分不相称，今年从墙脚爬起，沿墙多了三尺光景的路，或者会好一点；而且，这就将有一垛完全是叶和花的墙。

藤蔓从两瓣子叶中间引出来以后，不到一个月工夫，爬得最快的几株，将要齐墙头了。每一个叶柄处生一个花蕾，像谷粒那样大，便转黄萎去。据几年来的经验，知道起头的几批花蕾是开不出来的，到后来发育更见旺盛，新的叶蔓比近根部的肥大，那时的花蕾才开得成。

今年叶格外绿，绿得鲜明，又格外厚，仿佛丝绒裁剪成的。这自然是过磷酸骨粉的功效。他日花可以推知将比往年的盛大。

但兴趣并不专在看花。

种了这小东西，庭中就成为系人心情的所在，早上才起，工毕回来，不觉总要在那里小立一会儿。那藤蔓缠着麻线卷上去，嫩绿的头看似静止的，并不动弹；实际却无时不回旋向上，在朝这边，停一歇再看，它便朝那边了。前一晚只是绿豆般大的嫩头，早起看时，便已透出了两三寸长的新条，缀着一两张满披细白绒毛的小叶子，叶柄处是仅能辨认形状的小花蕾，而末梢又有了绿豆般大的一粒嫩头。有时认着墙上的斑驳痕想，明天未必便爬到那里吧，但出意外，明晨已爬到斑驳痕之上。好努力的一夜工夫！“生之力”不可得见，在这样小立静观的当儿，却默契了“生之力”了。渐渐地，浑忘意想，复何言说，只呆对着这一墙绿叶。

即使没有花，兴趣未尝短少；何况他日花开，将比往年的盛大呢？

提示：这两篇散文，写的是普通的花儿，但都写得情思隽永，耐人寻味。我们读后仿佛亲眼看到了活生生的不断往上爬的满墙的牵牛绿藤，也看到了瀑布似的紫藤萝。仿写就要首先仿两位作者把静物写得生动逼真。这类即景生情的文章对物的描写不求全面，而是根据“情”的需要，可以突出它的某一部分或某一特点。比如：《紫藤萝“瀑布”》突出了花的色彩，开得旺盛，使作者感到“生命的长河是无止境的”；《牵牛花》中描写嫩头生长的一段最为精彩，突出赞美了“生之力”的伟大。仿写时要把自己观察景物时的“情”也写出来，这才仿到了文章的灵魂。

三、古诗词改写练习

古典诗词中写自然景物的非常多，诗人用非常形象的语句，写出景物的外形，活画出景物的神韵，读完诗词后，脑子里会出现生动的画面。请细读品味下面十首诗词，从中选出最欣赏的，将诗词中的诗情画意用现代文写出来。写的这段文字不是翻译原诗词，而是根据诗词中描写的景物、抒发的感情，结合自己的体会写出来，成为描写景物的片段。

1. 敕勒歌

北朝民歌

敕勒川，阴山下，
天似穹庐，笼盖四野。
天苍苍，野茫茫，
风吹草低见牛羊。

提示：这是一首敕勒族人歌唱家乡，歌唱草原的民歌。歌中充满了对家乡的热爱，运用比喻夸张的手法，体现了民歌作者丰富的想象力。

2. 舟夜书所见

［清］查慎行

月黑见渔灯，孤光一点萤。
微微风簇浪，散作满河星。

提示：黑夜，怎么写？黑夜的美，怎么写？查慎行的这首《舟夜书所见》提供了一个很好的范例，他使用的都是对比的手法。

3. 雨　晴

［唐］王　驾

雨前初见花间蕊，雨后全无叶底花。
蜂蝶纷纷过墙去，却疑春色在邻家。

提示：这首诗写的是一阵春雨过后的情景。诗人恋春，于是，设想蜂蝶以为春色“在邻家”。

4. 村　居

［清］高　鼎

草长莺飞二月天，拂堤杨柳醉春烟。
儿童散学归来早，忙趁东风放纸鸢。

提示：诗中写了春景中的一瞬，充满了生活气息。虽说是村景，城里人也可以从中受到启发，写城中春色。

5. 咏 柳

［唐］贺知章

碧玉妆成一树高，万条垂下绿丝绦。

不知细叶谁裁出，二月春风似剪刀。

提示：将春风拟人化，形象地写出柳叶在春风中飘拂的优美姿态。还能用拟人方法描写哪些春景？

6. 望庐山瀑布

［唐］李 白

日照香炉生紫烟，遥看瀑布挂前川。

飞流直下三千尺，疑是银河落九天。

提示：这是一首妇孺皆知的名篇。诗中联想奇特，比喻、夸张用得生动，诗句中动词用得洗练、准确、传神。

7. 海 棠

［宋］苏 轼

东风袅袅泛崇光，香雾空蒙月转廊。

只恐夜深花睡去，更烧高烛照红妆。

提示：这是一首赏花的诗。写出了海棠花摇曳的样子。诗中突出的是一个“爱”字，一个“惜”字。今天已不用“高烛”了，所以不能生搬硬套，而是要从诗境中“化”出来，写一段赏花的文字。

8. 暮江吟

［唐］白居易

一道残阳铺水中，半江瑟瑟半江红。
可怜九月初三夜，露似珍珠月似弓。

提示：这是一首描写江边秋天傍晚的小诗。两组景物：一组是江上残阳，一组是江边月、露。不但描写景物，还写出了时间的推移。

9. 浣溪沙

［宋］晏　殊

一曲新词酒一杯，去年天气旧亭台。夕阳西下几时回？无可奈何花落去，似曾相识燕归来。小园香径独徘徊。

提示：这首词，悼惜春天的衰残，感伤时光的易逝，写得情与景融会一体，意在言外。

10. 行香子

［宋］秦　观

树绕村庄，水满坡塘。倚东风，豪兴徜徉。小园几许，收尽春光。有桃花红，李花白，菜花黄。远处围墙，隐隐茅堂，飏青旗，流水桥旁。偶然乘兴，步过东冈。正莺儿啼，燕而舞，蝶而忙。

提示：这是一幅春游图，百花齐放，莺歌燕舞，生机盎然。写出了诗人的游踪及踏春中的喜悦之情。

四、系列写景、物练习

不少同学每周都写一篇短文，常常苦于没有材料。下面提供几个系列短文题，促使同学们平时多观察，多练笔。

1. “春天”系列短文：

《河边看柳》　　《飞絮时节》

《春的色彩》　　《春之声》

2. “夏天”系列短文：

《昨夜暴雨》　　《粘知了趣事》

《春困·秋乏·夏打盹》

《纳凉》

3. “秋天”系列短文：

《我言秋日胜春朝》　　《十五月圆》

《秋风萧瑟》　　《××熟了》

（注：可填上水果或作物）

4. “冬景”系列短文：

《忽如一夜春风来》　　《堆雪人》

《打雪仗》　　《溜冰》

5. “宠物”系列短文：

《我和我的蛐蛐儿们》　　《猫咪咪》

《我家的大水牛》　　《聪明的××》

（注：填上宠物的名字）

6. “自然乐章”系列短文：

《雷声滚滚》　　《小雨淅沥》

《蝉儿的流行歌曲》　　《大自然的乐章》

五、景、物文章擂台赛

这是一项人人参加的集体活动，把竞赛、评比引进写作练习中。写作内容有六个总题，具体文题自拟。

1. 动物世界　　2. 植物王国

3. 四季调　　4. 风雨雷电

5. 日月星辰　　6. 江河湖海

进行办法：全班分成六个小组，按写作范围的顺序，每周每人写一篇；每组选出最好的一篇，在全班打擂，可采用朗读或出墙报的形式；评出“擂主”一名。时间进行一个月。这样，每人在一个月中就写出写景文章四篇，而且要求观察的自然景物也比较全面。

●名篇赏析

石　榴

郭沫若

五月过了，太阳增加了它的威力，树木都把各自的伞盖伸张了起来，不想再争妍斗艳的时候，有少数的树木却在这时开起了花来。石榴树便是这少数树木中最可爱的一种。

石榴有梅树的枝干，有杨柳的叶片，奇崛而不枯瘠，清新而不柔媚，这风度实兼备了梅柳之长，而舍去了梅柳之短。

最可爱的是它的花，那对于炎阳的直射毫不避易的深红的花。单瓣的已够陆离，双瓣的更为华丽，那不是夏季的心脏吗？

单那小茄形的骨朵已经就是一种奇迹了。你看，它逐渐翻红，逐渐从顶端整裂为四瓣，任你用怎样犀利的剪刀也都剪不出那样的匀称，可是谁用红玛瑙琢成了那样多的花瓶儿，而且还精巧地插上了花呢？

单瓣的花虽然没有双瓣的华丽，但它却更有一段妙幻的演艺，红玛瑙的花瓶儿由希腊式的安普刺变为中国式的金罍，殷、周时古味盎然的一种青铜器。博古家所命名的各种锈彩，它都是具备着的。

石榴开花的季节虽是几笔带过，但这种交代又不可少，写出榴花的可爱。

枝、叶也是轻抹一两笔，在对比中写出“风度”。

重彩工笔画榴花。

极赞大自然的鬼斧神工。

安普刺，即一种尖底的胆瓶。

你以为它真是盛酒的罍吗？它会笑你呢。秋天来了，它对于自己的戏法好像忍俊不禁，破口大笑起来，露出一口皓齿，那样透明光嫩的皓齿你在别的地方还看见过吗？

比喻石榴的果实，十分贴切而形象，作者真是富有想象力。

我本来就喜欢夏天。夏天是整个宇宙向上的一个阶段，在这时候使人的身心解脱尽重重的束缚。因而我更喜欢这夏天的心脏。

字里行间洋溢着热切、昂扬的激情。

有朋友从昆明回来，说昆明石榴特别大，子粒特别丰腴，有酸甜两种，酸者味更美。

禁不住唾津的潜溢了。

读者也“唾津潜溢了”。

珍珠鸟

冯骥才

真好！朋友送我一对珍珠鸟。放在一个简易的竹条编的笼子里，笼内还有一卷干草，那是小鸟舒适又温暖的巢。

开篇一个感叹句，可见对鸟的喜爱。

有人说，这是一种怕人的鸟。我把它挂在窗前。那儿还有一盆异常茂盛的法国吊兰。我便用吊兰长长的、串生着小绿叶的垂蔓蒙盖在鸟笼上，它们就像躲进深幽的丛林一样安全；从中传出的笛儿般又细又亮的叫声，也就格外轻松自在了。

只有细心的饲养者才会这样巧安排。

阳光从窗外射入，透过这里，吊兰那些无数指甲状的小叶，一半成了黑影，一半被照

写出几分神奇。

透，如同碧玉；斑斑驳驳，生意葱茏。小鸟的影子就在这中间隐约闪动，看不完整，有时，连笼子也看不出，却见它们可爱的鲜红小嘴儿从绿叶中伸出来。

我很少扒开叶蔓瞧它们，它们便渐渐敢伸出小脑袋瞅瞅我。我们就这样一点点熟悉了。

三个月后，那一团愈发繁茂的绿蔓里边，发出一种尖细又娇嫩的鸣叫。我猜到，是它们，有了雏儿。我呢？决不掀开叶片往里看，连添食加水时也不睁大好奇的眼去惊动它们。过不多久，忽然有一个小脑袋从叶间探出来。更小哟，雏儿！正是这小家伙！

它小，就能轻易地由疏格的笼子钻出身。瞧，多么像它的母亲：红嘴红脚，灰蓝色的毛，只是背后还没有生出珍珠似的圆圆的白点；它好肥，整个身子好像一个蓬松的球儿。

起先，这小家伙只在笼子四周活动，随后就在屋里飞来飞去，一会儿落在柜顶上，一会儿神气十足地站在书架上，啄着书背上那些大文豪的名字；一会儿把灯绳撞得来回摇动，跟着跳到画框上去了。只要大鸟在笼里生气地叫一声，它立即飞回笼里去。

我不管它。这样久了，打开窗子，它最多只在窗框上站一会儿，决不飞出去。

渐渐它胆子大了，就落在我书桌上。

它先是离我较远，见我不去伤害它，便一点点挨近，然后蹦到我杯子上，俯下头来喝茶，再偏过脸瞧瞧我的反应。我只是微微一笑，依旧写东西，它就放开胆子跑到稿纸上，绕着我的笔尖蹦来蹦去；跳动的小红爪子在纸上发出

“熟悉”的开始，“友谊”的开始。

已有第二代，又是一番惊喜。但还是不去惊动它们，用心良苦。

小雏鸟自己出来给人看。

“友谊”的进步。

写得俏皮，幽默。

依恋人到如此地步，“友谊”笃深。

与人同乐。

写得传神。

嚓嚓响。

我不动声色地写，默默享受这小家伙亲近的情意。这样，它完全放心了。索性用那涂了蜡似的、角质的小红嘴，“嗒嗒”啄着我颤动的笔尖。我用手抚一抚它细腻的绒毛，它也不怕，反而友好地啄两下我的手指。

白天，它这样淘气地陪伴我；天色入暮，它就在父母的再三呼唤声中，飞向笼子，扭动滚圆的身子，挤开那绿叶钻进去。

真像个乖孩子。

有一天，我伏案写作时，它居然落到我的肩上。我手中的笔不觉停了，生怕惊跑它。呆一会儿，扭头看，这小家伙竟趴在我肩头睡着了，银灰色的眼睑盖住眸子，小红脚刚好给胸脯上长长的绒毛盖住。我轻轻一抬肩，它没醒，睡得好熟！还呷呷嘴，难道在做梦？

信赖。

人、鸟“友谊”升华，写出了高潮。

我的笔尖一动，流泻下一时的感受：

信赖，往往创造着美好的境界。

只一句，有分量。

1981年1月天津

（原载1984年2月1日《人民日报》）

月　迹

贾平凹

我们这些孩子，什么都觉得新鲜，常常又什么都不满足；中秋的夜里，我们在院子里盼着月亮，好久却不见出来，便坐回中堂里，放了竹窗

先写盼月，听讲故事。渲染气氛。

帘儿闷着，缠奶奶说故事。奶奶是会说故事的；说了一个，还要再说一个……奶奶突然说：

“月亮进来了！”

我们看时，那竹窗帘里，果然有了月亮，款款地，悄没声地溜进来，出现在窗前的穿衣镜上了：原来月亮是长了腿的，爬着那竹帘格儿，先是一个白道，再是半圆，渐渐地爬得高了，穿衣镜上的圆便满盈了。我们都高兴起来，又都屏气儿不出，生怕那是个尘影儿变的，会一口气吹跑了呢。月亮还在竹帘儿上爬，那满圆却慢慢又亏了，末了，便全没了踪迹，只留下一个空镜，一个失望。奶奶说：

用拟人手法写月。完全是孩子眼里的月亮。一步步进来，又一步步走开。写的确实是“月迹”。

“它走了，它是匆匆的；你们快出去寻月吧。”

我们就都跑出门去，它果然就在院子里，但再也不是那么一个满满的圆了，尽院子的白光，是玉玉的，银银的，灯光也没有这般儿亮的。院子的中央处，是那棵粗粗的桂树，疏疏的枝，疏疏的叶，桂花还没有开，却有了累累的骨朵了。我们都走近去，不知道那个满圆儿去哪儿了，却疑心这骨朵是繁星变的；抬头看着天空，星儿似乎就比平日少了许多。月亮正在头顶，明显大多了，也圆多了，清清晰晰看见里边有什么东西。

写月光真是精彩！借月下物，写月光的皎洁、明亮。又写“月迹”。

“奶奶，那月上是什么呢？”我问。

“是树，孩子。”奶奶说。

“什么树呢？”

“桂树。”

讲神话传说，又神秘，又美丽。

我们都面面相觑了，倏忽间，哪儿好像有了一种气息，就在我们身后袅袅，到了头发梢

孩子们展开了想象的翅膀。

儿上，添了一种淡淡的痒痒的感觉；似乎我们已在三月里，那月桂分明就是我们身后的这一棵了。

奶奶瞧着我们，就笑了：

“傻孩子，那里边已经有人了呢。”

“谁?”我们都吃惊了。

“嫦娥。”奶奶说。

“嫦娥是谁?”

“一个女子。”

哦，一个女子。我想：月亮里，地该是银铺的，墙该是玉砌的，那么好个地方，配住的一定是十分漂亮的女子了。

“有三妹漂亮吗?”

“和三妹一样漂亮的。”

三妹就乐了：

“啊啊，月亮是属于我的了。”

三妹是我们中最漂亮的，我们都羡慕起来；看着她的狂样儿，心里却有了一股嫉妒。我们便争执了起来，每个人都说月亮是属于自己的。奶奶从屋里端了一壶甜酒出来，给我们每人倒了一小杯，说：

“孩子们，瞧瞧你们的酒杯，你们都有一个月亮哩!”

我们都看着那酒杯，果真里边就浮起一个小小的月亮的满圆。捧着，一动不动的，手刚一动，它便酥酥地颤，使人可怜儿的样子。大家都喝下肚去，月亮就在每个人的心里了。

奶奶说：

“月亮是每个人的，它并没走，你们再去找吧。”

漂亮的三妹，当然应该拥有美丽的月亮。

月亮“在每个人的心里”，人、月合一。

三写“月迹”。

四写“月迹”。

我们越发觉得奇了，便在院里找起来。妙极了，它真没有走去，我们很快就在葡萄叶上，磁花盆上，爷爷的锨刃上发现了。我们来了兴趣，竟寻出了院门。

院门外，便是一条小河。河水细细的，却漫着一大片净沙，全没白日那么的粗糙，灿灿地闪着银光。我们从沙滩上跑过去，弟弟刚站到河的上湾，就大呼小叫了："月亮在这儿！"

妹妹几乎同时在下湾喊道："月亮在这儿！"

我两处去看了，两处的水里都有月亮；沿着河沿跑，而且那一处的水里都有月亮了。我们都看着天上，我突然又在弟弟妹妹的眼睛里看见了小小的月亮。我想，我们眼睛里也一定是会有的。噢，月亮竟是这么多的：只要你愿意，它就有了哩。

月亮在水里不足为奇；月亮在眼里写得奇妙。

五写"月迹"。

我们坐在沙滩上，掬着沙儿，瞧那光辉，我说：

"你们说，月亮是什么呢？"

"月亮是我所要的。"弟弟说。

"月亮是个好。"妹妹说。

我同意他们的话。正像奶奶说的那样：它是属于我们的，每个人的。我们就又仰起头来看那天上的月亮，月亮白光光的，在天空上。我突然觉得，我们有了月亮，那无边无际的天空也是我们的了，那月亮不是我们印在天空中的印章吗？

突发奇想："我们有了月亮，那无边无际的天空也是我们的了。"童心，童趣，淋漓尽致。

大家都觉得满足了，身子也来了困意，就坐在沙滩上，相依相偎地甜甜地睡了一会儿。

（原载《散文》1980年第11期）

我有过一只小蟹

铁 凝

夏天，我在庐山遇到一只小蟹。它生活在石缝里、山泉边，大名叫石蟹。

说“遇见”，不说“捉到”，可见是当成朋友看待。

人们要是亲近谁，常爱叫他的小名。我喜欢这只石蟹，况且，它比海蟹、河蟹小得多，所以我愿意称它小蟹。

称“小蟹”可见亲昵。

那是在去往仙人洞的石板小路上，我们的东道主——《百花洲》编辑部的老编辑、老翻译家递给我的。他举着一只香烟盒，神秘地笑着说：“打开看看，你一定会喜欢的。”我接过烟盒立刻感到里面有什么东西在蠕动，不觉一阵心跳。我将香烟盒扒开一个小口，就见这只蛋黄大小的棕红色的小蟹摇摇晃晃正在往外爬，它犹豫不定地爬出来，趴在我手心上，有些痴呆地停了下来。我托着这个小生命，细细瞧着，瞧它那阳光下半透明的身体像玛瑙，瞧它腿上那一层纤细的茸毛像丝绒，瞧它突起的乌黑眼睛总是固执地盯着一个地方。这一切都叫人疼爱。我立刻生出一个念头，带它回去，带它和我一道回北方。我小心地伸出手指友好地碰碰它，谁知，它却张起两只前螯，朝我的手指狠狠就是一下。尽管那样狠，但我的手指也不过有点痒痒罢了。它多么小啊，还没

送小蟹的人前加个“老”字，写出童心未泯，也可见小蟹可爱。

状物逼真，活灵活现。

“友好”得到的回报是“狠狠”，反而突出了小蟹的可疼爱。

有能够把人咬疼的那种力量，这就更增加了我对它的疼爱。

“放了它吧，活不成的。”同行的一位瘦高个儿作家说。他是江苏人，把“活不成”说成“活不曾”。也许因为他是《土牢情话》的作者，对困在土牢里的滋味有着独到的体验，才发表这样的见解。

有人持反对意见。有波澜。

我环顾四周，原来我们的团体——同被邀上山的几位作家都围在我身边，兴奋地注视着这个愣头愣脑的小家伙。也许小蟹发现了这点，它警惕地抱住前螯便在半空挥舞起来，好像给人以警告：看谁敢碰一碰？它那副认真的样儿，能叫你想起举着木头枪冲大人高喊“不许动”的小孩子。和它相比，我们简直都是劳不鲁格鲁的居民。我终于又叫它回到了香烟盒里。

写小蟹神气活现，惟妙惟肖。

那天，我没有玩好，托着它，连云雾迷蒙的仙人洞，挺峻绮丽的锦绣谷和那气势巍峨、若隐若现的天桥都没有留心。我只感觉到烟盒里那些小爪子的愤怒抗议，但我到底把它带回了我们的住所芦林饭店。在半盆清水里，它不习惯地勾动着腿脚爬来爬去，它活下来了。

活着就要吃饭，我的小蟹还得吃活东西。先前我不了解这点，喂它面包、蛋糕，它都不予理睬，岂止不理睬，它还用拉屎的办法亵渎我那些食品。它的屎像一缕缕的黑棉线，把那些食品缠绕住。后来听山上人说，它爱吃小鱼、小虾和蚯蚓。于是，每次出游，我便格外注意有水的地方：深湖、浅溪、泼辣的山泉、盘子一般大小的水洼……

开始写喂养，从“进食”入手。

以下写团体对小蟹的关心。

我的真诚感动了我们这个团体。

有一天在如琴湖畔，两个女孩子支着竹箩在捞小鱼。我走过去，把双手也伸到湖水里，可怎么也拢不住那滑腻、灵活的小星星。眼看着她们网起一箩又一箩，我都嫉妒了。这时我们那位最年长的作家走过来了，他俯下高大的身子就和小姑娘谈判，当然，这种谈判开始就带着明确的目的性。他语气绵软，绵软得不像大人乞求孩子，倒像是孩子在央告大人。也许是由于他那满头可爱的白发，也许是由于，他虽然具有他的《月食》中那个主人公的气质，还是那样不耻下“讨”，他取得了胜利，两个女孩子决定给我们六条。我赶紧凑了过来，但着急没有盛鱼的东西。

先写老作家去讨鱼。

“我这里有只塑料袋。”说话的是我同屋那位女作家。她的手提包里总是装着几块素净的小花手绢和一些大小不等的空袋子。要是碰巧你出门忘记带手绢，她就笑眯眯地递给你一块；要是遇到像现在这样的情形，和她在一起也能解决问题。她那双眼睛，笑起来就像一对月牙。她是《心香》的作者，心香还能总是板着面孔吗？她就是这样笑着，替我撑开了一只不大不小的塑料袋。很快，六尾活泼的鱼儿就在里面冲撞起来。

再写同屋女作家的悉心帮助。

有一天在乌龙潭，我爬上了簇拥着那条瀑布的一堆堆怪石，想去寻找瀑布的源头，看它是怎样冲破它们的阻挠，从石缝里喧腾着奔泻出来的。这时，我们那位来自湖南的青年作家向我跑来，一边跑，一边招呼我停下。我惊奇

“将军”用袜子捉蝌蚪。写得有风趣，又突出对小蟹的关注。

他能在那么险陡、光滑的石头上准确、灵活地跳来跳去，步子就像一只轻盈、敏捷的细脚鹿。瞧着他的身姿，你不能不想到他那篇《我们正年轻》。他停在我跟前，要我和他一起到乌龙潭边去看我们的“将军”。

他说的“将军”，是因为写《将军吟》而得名。这位作家个子并不高大，但走起路来形象威武，说话嗓音洪亮。现在“将军”正站在乌龙潭边，弯着腰，高卷着裤腿，双手撑开一只袜子在捉蝌蚪。

看见我，他直起腰来，把滑到鼻尖上的眼镜朝上一推说：“喂，三只，够吃一天吧?”

“把那只给我，我也捉!”我一边说着朝他跑过去。

“不行啊，那只有个破洞!”他的话逗笑了许多人，包括那些和我们毫不相干的游客。

“将军”提着他那只装了三个花蝌蚪的灰丝袜上路了，他的步伐显得更加威武雄壮，湿漉漉的丝袜就随着那雄壮的步子不住地摆动。

有一天，在饭店的花圃里，我们中间那位少言寡语的江西作家挖出一条通红的蚯蚓，他把它的身子绕在一根小木棍上，把木棍交给我说：“这是给它的。”我没想到他能从生活中发现《红线记》那样的动人故事，还能从泥土里发现那样纤细的小生命。

有一天……

有一天，我们要走了，要结束东道主为我们安排的这次难忘的活动了。我首先想到我的小蟹转移问题。没想到一直陪着我们的那三位热心的编辑早就走在了我前面。三个人同时拿

又是一位关怀小蟹的人。

东道主对小蟹的诚心。

至此，充分写出“团体”与小蟹的情谊。人和自然本来就是息息相通的。这些人的举动发自内心，虽显得幼稚，但不可笑。

来三只大小不等的玻璃瓶。我真想把三个瓶子都带上，让小蟹一路上轮换居住。因为行装多，只好抱歉地拿了一只。我澄干脸盆里的水，将瓶子贴在盆边呼唤我的小蟹。它却张开爪子挠着盆底，进一步、退一步地转圈，好像拒绝我的呼唤，又像是跟我玩着什么自作聪明的把戏。

汽车在楼下鸣喇叭，我不想再跟这狡猾的小东西纠缠，决定诉诸“武力”，我一把捏起它，放进了玻璃瓶。它没再咬我，那对鼓鼓的黑眼睛还是盯着一个地方，也许在盘算什么。我不相信谁能猜透一只螃蟹的心。

但是，我自信能用我的心感化它。在长途汽车上，一连五个小时，我始终抱着玻璃瓶，甚至当潮湿、闷热的风吹散了我的头发，我都不愿意去梳理。直到走进南昌的洪都宾馆。我要洗澡了，才把它放在床头柜上。

写旅途艰难，着重写“我”要养好小蟹的决心和行动。

半小时以后，当我再捧起那瓶子，我怎么也没想到，瓶子变成了空的。小蟹不见了，桌面上只滚动着几粒水珠。难道它自己跳出了瓶子？又好像不可能。我焦急地寻找起来。

真是突然。读者也为之心惊。

沿着墙根找了一圈，没有。

顺着走廊找了一遍，没有。

我跑下楼梯，追到门口，都没有！

哪去了？我的小蟹！

哪去了？我的滑头的小家伙！

反复写“找”，可见情深。

我预感，我再也找不到它了。努力想想它的缺点吧。不是吗，想想它那傲慢无礼的神情，那些小聪明、小把戏，那动不动就要舞枪弄棒的样子。还有那两只感情不明的突出的黑

自我安慰，自我解脱。实际还是写“爱”。

眼睛。石蟹，一只普通的石蟹！我安慰自己。

可是，它的失踪还是惊动了我们全体。不知什么时候，人们都聚在了大门口。人们看着我，脸上都是关切的神情。

“没有良心！”我只说。

“你是说小蟹吗?”这是开始告诉我“活不曾”的那位作家。

今天的事情，到底使他的预言应验了，他一定得意了吧？想到这里，我偷偷看了他一眼。谁知他脸上倒有些惋惜的神色了。他那沉思的目光越过我的头顶。他正向很远的地方瞭望。

“反对派”也“惋惜”，从侧面烘托。

远处是车的洪流，人的洪流。我忽然觉得小蟹就在其中。我甚至知道它在朝着哪个方向不停地奔走，那是一个美丽的、迷人的地方。

可是，你能闯过那车的洪流、人的洪流吗？你走得那样急忙；你懂得去看那不停变换的红绿灯吗？你的眼睛又是那样痴呆；你能逃过那些调皮的孩子之手吗？也许一只小鸡，一只小鸟都会使你粉身碎骨。不知怎么的，一想到这些，我还是愿意叫它小名。我对着眼前的世界说：小蟹，祝你一路顺风，一路顺风……

担心小蟹命运未卜。

希望再回到自然界。

（原载《散文》1982年第3期）

阿　咪

丰子恺

阿咪者，小白猫也。十五年前我曾为大白猫“白象”写文。白象死后又曾养一黄猫，并未为它写文。最近来了这阿咪，似觉非写不可了。盖在黄猫时代我早有所感，想再度替猫写照。但念此种文章，无益于世道人心，不写也罢。黄猫短命而死之后，写文之念遂消。直至最近，友人送了我这阿咪，此念复萌，不可遏止。率尔命笔，也顾不得世道人心了。

阿咪之父是中国猫，之母是外国猫。故阿咪毛甚长，有似兔子。想是秉承母教之故，态度异常活泼。除睡觉外，竟无片刻静止。地上倘有一物，便是它的游戏伴侣，百玩不厌。人倘理睬一下，它就用姿态代替言语，和你大打交道。此时你即使有要事在身，也只得暂时撇开，与它应酬一下；即使有懊恼在心，也自会忘怀一切，笑逐颜开。哭的孩子看见了阿咪，会破涕为笑呢。

我家平日只有四个大人和半个小孩。半个小孩者，就是我女儿的干女儿，住在隔壁，每星期三天宿在家里，四天宿在这里，但白天总是上学。因此，我家白昼往往岑寂，写作的埋头写作，做家务的专心家务，肃静无声，有时竟像修道院。自从来了阿咪，家中忽然热闹了。厨房里常有保姆的话声或骂声，其对象便是阿咪。室中常有陌生的谈笑声，是送信人或邮递员在欣赏阿咪。来客之中，送信人及邮递员最是枯燥，往往交了信件就走，绝少开口谈话。自从家里有了阿咪，这些客人亲昵得多了。常常因猫而问长问短，有说有笑，送出了信件还是流连不忍遽去。

访客之中，有的也很枯燥无味。他们是为公事或私事或礼貌而来的，谈话有的规矩严肃，有的噜苏疙瘩。有的虚空无聊，谈完了天气之后只得默守冷场。然而自从来了阿咪，我们的谈话有插曲，有了调节，主客都舒畅了。有一个为正经而来的客人，正在侃佩而谈之时，看见阿咪姗姗而来，注意力便被吸引，不能再谈下去，甚至我问他也不回答了。又有一个客人向我叙述一件颇伤脑筋之事，谈话冗长曲折，连听者也很吃力。谈至中途，阿咪蹦跳而来，无端地仰卧在我们面前了。这客人正在愤慨之际，忽然转怒为喜，停止发言，赞道：“这猫很有趣!”便欣赏它、抚弄它，获得了片刻的休息与调节。有一个客人带了个孩子来。我们谈话，孩子不感兴味，在旁枯坐。我家此时没有小主人可陪小客人，我正抱歉，忽然阿咪从沙发下钻出，抱住了我的脚。于是大小客人共同欣赏阿咪，三人就团结一气了。后来我应酬大客人，阿咪替我招待小客人，我这主人就放心了。原来小朋友最爱猫，和它厮伴半天，也不厌倦；甚至被它抓出了血也情愿。因为他们有一共通性：活泼好动。女孩子更喜欢猫，逗它玩它，抱它喂它，劳而不怨。因为她们也有个共通性：娇痴亲昵。

写到这里，我回想起已故的黄猫来了。这猫名叫“猫伯伯”。在我们故乡，伯伯不一定是尊称。我们称鬼为“鬼伯伯”，称贼为“贼伯伯”。故猫也不妨称为“猫伯伯”。大约对于特殊而引人注目的人物，都可讥讽地称之为伯伯。这猫的确是特殊而引人注目的。我的女儿最喜欢它。有时她正在写稿，忽然猫伯伯跳上书桌来，面对看她，端端正正地坐在稿纸上了。她不忍驱逐，就放下了笔，和它玩耍一会儿。有时它竟盘拢身体，就在稿纸上睡觉了，身体仿佛一堆牛粪，正好装满了一张稿纸。有一天，来了一位难得光临的贵客。我正襟危坐，专心对应。“久仰久仰”，“岂敢岂敢”，有似演剧。忽然猫伯伯跳上矮桌来，嗅嗅贵客的衣袖，我觉得太唐突，想赶走它。贵客却抚它的背，极口称赞：“这猫真好！”话头转向了猫，紧张的演剧就变成了和乐的闲谈。后来我把猫伯伯抱开，放在地上，希望它去了，好让我们演完这一幕。岂知过得不久，忽然猫伯伯跳到沙发背后，迅速地爬上贵客的背脊，端端正正地坐在他的后颈上了！这贵客身体魁梧奇伟，背脊颇有些驼，坐着喝茶时，猫伯伯看来是个小山坡，爬上去很不吃力。此时我但见贵客的天官赐福的面孔上方，露出一个威风凛凛的猫头，画出来真好看呢！我以主人口气呵斥猫伯伯的无礼，一面起身捉猫。但贵客摇手阻止，把头低下，使山坡平坦些，让猫伯伯坐得舒服。如此甚好，我也何必做杀风景的主人呢？于是主客关系亲密起来，交情深入了一步。

可知猫是男女老幼人民大家喜爱的动物。猫的可爱，可说是群众意见。而实际上，如上所述，猫的确能化岑寂为热闹，变枯燥为生趣，转懊恼为欢笑；能助人亲善，教人团结。即使不捕老鼠，也有助于人生。那么我今为猫写照，恐是未可厚非之事吧？猫伯伯行年四岁，短命而死。这阿咪青春尚只三个月。希望它长寿健康，像我老家的老猫一样，活到十八岁。这老猫是我的父亲的爱物。父亲晚酌时，它总是端坐在酒壶边。父亲常常摘些豆腐干喂它。六十年前之事，今犹历历在目呢。

心中的大自然

唐　敏

一

天上再看不到翱翔的鹰了。

现在的孩子也不玩“老鹰捉小鸡”了。

小时候，住在一大排高高的桉树底下。小木房子，前面是荒草地，后面是野草地。蓝天格外开阔。在草地里赛跑，有人喊：

“老鹰！老鹰来啦！”

小手遮住阳光，久久眺望着鹰张开翅膀，凝在蓝天心里的“一”字。许久，身子一斜，听任气流托着它回旋。

在我们心里，鹰是空中的音乐。

最难忘是老鹰带小鹰学飞。鹰爸爸、鹰妈妈，中间是很小的鹰。逆风飞，迎风飞，并拢翅膀直线坠下，再鼓动双翼直线上升。

爸爸妈妈并排齐肩，后面是儿子。品字形上升，品字形下坠，品字形斜过蓝天。

不管多么绝望、悲伤，只要看到鹰从天上飞过，心就不会死。

大自然在安排时序和生死时，允许鹰的庄严万寿无疆。鹰是少数能够预知生死的种类。

自知死亡将至的鹰，悄悄离开巢穴，飞向人迹不到的深山。在那里一次又一次，向高高的蓝天冲击，直到竭尽全力。它收拢巨大的翅膀，箭一样扎进瀑布冲泻的深潭。

潭水深，深得羽毛也无法浮起来。

每一次见到雪浪万丈的瀑布，便听到鹰的歌声从九泉下直达蓝天！

鹰的生存艰难。一对老鹰要两年才生一个蛋，平均两个蛋中只能孵出一只小鹰，全靠充足的食物它才能侥幸长大。

活到现在，我只抚摸过一只鹰。

我抚摸时，它已经死了。

那是我住在小木房的时候。我和小伙伴们看见四五个解放军战士，持着枪，悄声没息地来到桉树下，躲躲藏藏地眺望天空。我们跟来跟去，问：

“叔叔，你们打飞机吗?”

“小声点儿！我们打鸟呢。”

“你们谁打得最好?”

战士们指着皮肤黝黑、非常年轻的一位：

“他！他家祖祖辈辈打猎。”

我们立刻迷上了这位严肃的小个子战士。

可是他们并不打麻雀。在这里等了有四五天，我突然明白了，问小猎人战士：

“你们，要打老鹰吗?”

他一下子捂住我的嘴，悄声说：

“不许讲，它会听到的！它知道有人打它，就不出来了。它是最了不起的鸟！”

我顿时呆住了。等他们一走，我和伙伴们破坏性地向着天空大喊：

“老鹰啊！不要来！”

但是枪终于响了！半自动步枪和谐清脆的连击。我奔出小木屋，看见鹰以一种波浪状的斜线向地面上慢慢落下来。

“啊——老鹰！老鹰啊！”

我奔进宽阔的野草地。

老鹰啊！老鹰掉在草地上无声无息。

猎人小战士从远处奔来，神情万分痛苦。他跑起来也是无声无息的，像敏捷的鹿儿。但是他张着嘴，眼光迷乱。

我从草地上爬近那只鹰。它竟是那样年轻，像十六岁的少年。一只翅膀张开，保持着飞翔的姿态。它的一只眼睛看着蓝天，睁得圆圆的。这是一颗淡紫色的玛瑙，布满细小的蜂窝状棱面，太阳在里面反映出无数亮点，最清澈、最明亮的。

传达室的贺老头挥舞着大蒲扇，骂声震天地跑来。他本是个老猎人。他对战士们大喝：

“你们！竟敢打死老鹰?！从今以后，你们的枪子别想再打中目标啦！谁打死老鹰，谁的眼要瞎掉的！”

小猎人屈下一条腿，跪在鹰身边，抚摸它的羽毛。他颓然、悲伤。

“我是为了我们班长。他是世界上最好的人！让我瞎了眼吧！让我再也不能打猎了吧！”

其他的战士默默低着头，站在远一点的地方。我从那次才知道，人的脑子受了伤，会留下剧烈的头痛症，老鹰的脑子是最好的药品！

战士们带走了那只鹰。

我突然追过去，说：“让我摸一下，叔叔！让我摸摸它！”

我的手触到光滑冰凉的羽毛。我心里发出响声，小小的、晶莹的瓶子就这样碎开了。

从那以后，我心目中的鹰都被击中了。它们纷纷坠入雪浪腾空的瀑布，一去不复返。

没有鹰的天空，没有庄严，没有音乐。

只有长风呼啸、蓝天清澈时，还能听到鼓动羽翼的声音。巨大的、透明的鹰张开翅膀，它的羽毛，它的骨骼，它的爪和嘴，还有它隼利的眼睛！

我再也没有见到过飞翔的鹰了。

二

画册、故事、电影，所有幼年的教育告诉我——老虎是个坏东西。

因为不想看见老虎，连心爱的动画片也不敢去看了。外公一再保证；今天的没有老虎。

糟糕，又跳出一只嘴巴血红、不讲道理的傻老虎！它伸爪子、撅屁股、尾巴来回扫，威风地跳来跳去，发出呜呜的长鸣。

照例来了一只洁白的羊羔。我神昏气短，缩在椅子里。它无忧无虑走向老虎。我转过身，看着放映孔里旋转的光柱。

“吃掉了吗?”我浑身发抖，“吃掉了吗?”

“吃掉了。”外公说。

回过头来，老虎正得意洋洋逼向羊羔。

我又扑到椅背上。

外公说了二十遍“真的吃掉了”。前后左右的邻座也保证：“是吃掉了。”

我回过头来。森林里鲜花盛开，百鸟鸣唱。

“我要回家，我要回家。”

一直吵到邻座们气愤了，外公只好携着我离去。他忧心忡忡：“这么胆小，长大了有什么用处呢?”

为了让我勇敢，爸爸妈妈残忍地拖我去动物园看老虎。我决死一战，闭上眼睛。

“老虎不可怕，你看一下。”

“只要看一下。”

“要不我们就等下去。等你哪天肯看了，我们再回家。”

天知道，我多么厌恶，想吐！

备受迫害的我！睁开一只眼睛，看了！扭头就跑。

铁栅栏深处，有一个乌黑的方穴，拖出来一条大于猫腿一千倍的后腿。又脏又潮，自暴自弃，绝望的大后腿。

老虎！最恶心！最难看！老虎！良心烂透！

一直到十五岁那年，我才看到了真正的老虎。

到闽北山区，我首先就问山里人：“这儿有老虎吗?”

“老虎吗? 可惜现在不多了。”

他们满脸缅怀神圣事件的表情。

“老虎，会吃人的！”我说。

“不，你不害它，它不会来吃你。”山里人说，“难得也有吃人的老虎。它们喜欢偷猪吃。”

山里人好像巴不得有老虎来村里偷猪。那样可以整夜点起火把，妇女们聚在村中心，从小到老的男人围着村子跑动、喊叫。火把的龙向着深夜的高山峻岭示威。

山上的老虎好像心领神会，好久不来拖猪。

老虎不来，山里人竟有点寂寞。

山里有了老虎，便有了生与死的种种情趣。山里人最喜欢讲他们遇到老虎的经历。

那种兴奋，那种自豪，仿佛得到荣誉。

冬月清澈，白雪遍地。打着手电走路，危险比点火把的大。迎面看见有人打着手电过来，近在咫尺了，才从黑暗中显出狰狞的虎头，一双金亮的圆眼睛！

彼此都误会了，以为遇见了同类。

停下来，双方都珍惜生命。这时候不能喊，不能奔，脚趾一点一点移向路边，彬彬有礼地贴着草木，蛇一样地溜过去。

老虎站在那儿，动它的脑筋。一会儿，它低下头来，继续赶路。

有时遇见好奇心强的老虎，会掉转头来跟着人走。要非常非常坚强，才能保持正常的步子走回村里再昏倒。往往忍不住又跑又喊，激起老虎追逐猎物的本能，一直扑逗到人气绝身亡。就是老虎不来扑，狂呼乱叫奔进家门，气一松，暴出浑身大汗，倒地便死。

这种恐惧强烈地刺激着山里人的心。大白天走路也感受到广阔的危险感。枯树怪石荒草。生命在热血中涌动，晨星暮日，荡涤胸怀。

猎虎的人从江西、浙江过来。山里人讨厌他们。“为了钱，什么都不放过啦！”然后唾一口。把脸板紧。猎人被虎吃了，山里人感到自豪，又有点怜惜：“我们山里的老虎啊！”

我听了许多关于老虎的事。

老虎不住在树林里。它们极爱清洁，闻不惯兽类的气息，受不住落在头上的鸟粪、虫子。

它们住在茅草覆盖的山岗上，到很远的地方狩猎，在溪流里沐浴。干干净净的老虎走到长风拍打的山岗顶上，等待明月从东方升起。

鹅黄的月儿从高高山岗下群山的海洋里露出来，光辉冲散星斗。

老虎发出渴望的、忧郁的长鸣，通过风送向月儿，催促圆满的月亮从地上跃起。

这是孤独的男子汉在呼唤永远不来的情人。

我开始盼望见到老虎。山里传染给我这份奇怪的愿望。

只要是诚心的愿望，大自然一定会听到。

秋天来啦，山坡上盖满黄叶，红叶，绿树在干燥的空气中噼啪拍手。阳光是凉凉的金色。

秋天，砍柴的季节。一握粗的杂木敲上去梆梆响。梆声沿着山谷好听地跑远。

我贪心地砍倒一棵一棵落尽树叶的小杂木。我眼前金灿灿的秋色突然聚成一团，在黄叶盖满的山顶上无声无息地移过。透过疏疏的杂树灌木，星星般耀眼的红浆果向两旁分开。

柴刀栽进厚厚的落叶下，一只年轻的老虎站在不到五米远的坡上。斜阳从它背后照来，它被明亮的火焰包围，颀长优美的身子呈现在我眼前。它停下来两秒钟，一只前足停在空中。

它侧首看了我一眼，似乎感到意外。

金色的目光和阳光融在一起，飘过一绺嫣红的烈焰。就看了这短短的一眼。

人类最美的目光都死了。

静静的、威严的、穿心透腑的、超然的一眼。它转过头，踏下前足，走向太阳。一身富贵光亮的皮毛，棕色的横纹随着步子流水般滑动。爽白的天空把每一丝虎毛映衬得清清楚楚。

像无形无具的梦，消失了。

我沿着山坡狂奔而下，血液在全身蒸腾。激情脱去沉重的躯壳，裹着我轻盈地滑翔，哽咽堵塞了喉——

我受到了真正的蔑视！

仅仅两秒钟！人的骄傲颓然倒地。这轰顶刺激炸开一片崭新的欢喜狂悦。

大自然用两秒钟告诉我，人可以夷平山川，制造荒凉，掏空地球，但是依然侵犯不了它的自由！这肃然起敬的、无法驾驭的自由！

彻骨的幸福倾倒下来。从此以后，没有一个人能用蔑视来伤害了，绝对没有了！

老虎光艳夺人的美目敌御四方。

我飞奔回村，跃进家门，彻底欣慰地扑到床上，每根骨头，每块肌肉都在发抖——

啊，我见到了老虎！

三

有虹，荒凉的深山有了灵气。

虹的表情，山里人百看不厌。

大自然的手抚摸了哪里，哪里就留下彩虹。

虹是静静地呈现的。随之，喧哗的草木、人群也静下来，看着虹慢慢舒展，在碎雨和急风中凝然不动地悬在空中。

静穆优美的虹，一道一道浮现在眼前。

在遥远遥远的天边，纵深而明亮处的山峰上，虹很细很淡，像一道无力而忧伤的眉毛。猜不出应该有怎样的一只眼睛来与之相配。想象不了真有那样的眼睛，怎么能让它和短命的虹一起消失？没有眼睛的眉毛啊，寂寞的虹。

乌黑的峡谷，惨白的溪水，雨后湿淋淋的石阶，上山的小道陡直地升上十里。歇下担子喊一声，再喊一声。

声音虚张空洞地纷纷逃回耳朵里。

怆然的眼睛找不到答应。

啊，有的。在高处，山路的尽头，两峰间的峡口，一片蓝天渐开，斜斜地亮起一痕微笑的虹。说不出的谢意，温柔的虹。

厚厚的青云挤在天顶翻滚，撞出粗大的雨粒，东一点西一点射下来。阴沉着脸的云里裹着愤怒的虹，向地面逼来。冷风飕飕，五彩的龙发出异样鲜艳的怪色，好恐怖的虹！

对峙的陡壁悬崖，不见底的深谷。伐木人在两边崖壁中凿出栈道，积满腐叶，柔软无声。栈道上下都是一球一球绵密的树冠，经历了隆冬寒春，彩色的树叶中泛出一层新绿。延绵的峡谷像感觉温暖的绒绣。

似有似无的雨，若即若离的雾，宽阔的虹的彩带从深深的谷底拔起，透明的七色在峡谷沉重的底色前聚起灿亮的气流，用力冲上淡蓝的天空，在那里消失了另外一端。

隔着彩虹，两边栈道上细小的行人在变幻颜色。“嘀——嘀——”的呼唤声透过彩虹传到对面。瞧啊，这雄浑有力又半魔半仙的虹。

虹不尽是透明的，它会像新鲜的奶油那么浓。粉红、粉黄、粉绿、粉蓝，结结实实。它先在远处的山头站好一只脚，然后划出一个真正的半圆形巨弧，另一只脚迅速地垂下来，好像要落到我们小小的村子里。男女老少高兴地欢呼。彩虹却把脚放在了村后的山岗上。年轻人拼命地奔上山岗。

“抓住它的脚，抓住它！”

狡黠的虹一点一点后退，退过山岗，退过溪谷，退到远而又远的山头上。

小村像小船，从虹的拱桥下飞流急下。

鲜蓝鲜蓝的天，撕成破布般的云，橙色的西方，又小又亮的一点太阳，巨大的彩虹威风凛凛地站着，左右映出两道清淡的虹影。空中那样拥挤，一片欢乐的喧哗。

村里人不干活，不做饭，高声谈笑，仰头望虹。小孩、小狗、小鸡跑得眼花缭乱。

大自然这样与人娱乐。

它的关怀体贴入微。

在山区我患了很重的疟疾病。这病常发，身体给折磨得不成样子。

又一次发病了。没有钱乘车回家。离家七八百里，想要搭上一辆运货汽车，真是渺茫。

下了一夜的雨，早上起来，草木衰败，一片凄凉。不到发病的时间，头脑里很清爽，感觉到秋气萧然。

近晌午时，出去帮我找车的同伴捎来口信，叫我下山。运山货的卡车下午进县城，明天一早开往福州。

我离开小村子，只见茫茫的云海横贯天际，到处露出海岛般的山峰。云海平展展地滚动波浪。我走在狭长的山岗上，在云海中宛如一个孤岛，公路从岛上纵伸而过。

云海底下仿佛是几万年不见阳光，没有声息的深海的海底。

云海之上的天空高处，云层正由青转白。这两层云海中漾溢着不可察觉的阳光。

白色海洋中荒凉的岛，空荡荡的路。只有我的脚步声。远处银灰色、蓝色的群岛在轻轻移动。转过一个大弯，下坡。

我一下子呆立不动，吸进一声“啊……”

在二十来米远的前方，巨大的虹的瀑布从天顶的云层里倾泻下来，一直落在公路路面上。宽阔的彩虹切断坡上的树木，切断公路，切断坡下的乱石坡。

无限透明的屏障，笔直地竖在前面。

我小心翼翼地、慢慢地、屏息靠近彩虹。

我眼前一片闪烁的模糊，看不见了。那是泪水布满了眼眶。映满彩色虹光的眼泪坠落。

彩虹没有后退。清清楚楚，虹的外弧到内弧，红橙黄绿蓝靛紫，最纯正、最洁净的色彩排列在眼前。

我站在直冲霄汉的巨大的彩虹面前。

小岛上微小的人，拖着疲病，软弱地站在举世无双的长虹面前。

彩虹溅落在地面上，激起蒸汽般颤动的气流，亿万缕升浮的细弦交织着向上，形成并不存在的虹的平面。在这个平面后头，每一片叶子，每一根细枝，每一块石头，直至路面上每一颗沙子，甚至泥土，都那样清晰，那样洁净。

红色的树；橙色的草；黄、绿、蓝分割的路面；靛色的石头；紫色的泥土。洁白的云潮也蒙上不同的七种颜色。

我举起双手，伸进彩虹。立刻有一双透明的手掐住了我的手。手掌、手指绕着金色的浮光，那双透明手把我的手染上了超越现实的光辉。我感到它的抚摸，无限的安慰，无限的怜惜。

从来没有那么多的希望在心里苏醒、抽芽。

我的手在彩虹里变幻颜色。

从天上倾下来的色彩，缭绕我的生命。

云海下面，隐隐传来汽车爬坡的吼声。我和彩虹都猛然一惊。我们的相会要结束了。

我穿过彩虹，它竟是这么薄。被虹燃烧的景物还原出本来的色调。我回头，彩虹又点燃另一面的景物，只是再没有前一刻的辉煌。

我知道，一生仅有一次的相会结束了。

我退一步，再退一步。

彩虹从路面上缩起来，慢慢向空中抬起。

无限依恋，还是慢慢退远了。

彩虹黯淡了颜色，变得又稀又薄。

它将回到天上。我的脚踏进云海滚滚的白潮。

云潮淹没了我的腿。

我知道，再也没有一双手能像彩虹的手。

云潮淹过腰。

我知道，再也看不见如此清纯的色彩了。

云潮冲击到胸前。

我知道，再也不会和彩虹并肩而立了。

白色的潮卷过眼睛。我坠入沉闷的雾中。

啊，彩虹，彩虹。再也无法相见的彩虹。

云雾底下传来汽车的马达声，人声，生活的各种声潮在大地上起伏。

我穿过云雾，朝着这汹涌的声潮走去。

彩虹，彩虹。缭绕过我的彩虹。

它是无形无具的色彩，它是并不存在的事物，它是光明的缥缈的本质。

我们的世界正是由它照亮的。

多少天，多少年，永远照耀的光明。

在这个世界上，我已得到了我的福祉。

（选自《青春》1983 年 10 月号）

大地上的事情

苇 岸

我观察过蚂蚁营巢的三种方式。小型蚁筑巢，将湿润的土粒吐在巢口，垒成酒盅状、灶台状、坟冢状、城堡状或松疏的蜂房状，高耸在地面。中型蚁的巢口，土粒散得均匀美观，围成喇叭口或泉心的形状，仿佛大地开放的一只黑色花朵。大型蚁筑巢像北方人的举止，随便、粗略、不拘细节，它们将颗粒远远地衔到什么地方，任意一丢，就像大步奔走撒种的农夫。

黎明，我常常被麻雀的叫声唤醒。日子久了，我发现它们总在日出前二十分钟开始啼叫。冬天日出较晚，它们叫的也晚；夏天日出早，它们叫的也早。麻雀在日出前和日出后的叫声不同，日出前它们发出“咕、咕、咕”的声音，日出后便改成“叽、叽、叽”的声音，仿佛老雀一见到太阳瞬时年轻了。

下雪时，我总想到夏天，因成熟而褪色的榆荚被风从树梢吹散。雪纷纷扬扬，给人间带来某种和谐感，这和谐感来自于纷纭之中，就同黄金的愿望来自于强盗一样。雪也许是更大的一棵树上的果实，被一场世界之外的大风刮落。它们漂泊到大地各处，它们携带的纯洁，将繁衍成春天动人的花朵。

在我的住所前面，有一块空地，它的形状像一只盘子，被四周的楼围起。它盛过田园般安详的雪，盛过赤道般热烈的雨，但它总盛不住孩子们的欢乐。孩子们把欢乐撒在里面，仿佛一颗颗珍珠滚到我的窗前。我注视着男孩和女孩在一起做游戏，这游戏是每个从他们身边匆匆而过的大人都做过的。大人告别了童年，就将游戏像玩具一样丢在了一边。但游戏在孩子们手里，依然一代代传递。

写《自然与人生》的日本作家德富芦花，观察过落日，他记录太阳由衔山到全然沉入地表，需要三分钟。我观察过一次日出，日出比日落缓慢。观看落日，大有守待圣哲临终之感；观看日出，则像等待伟大英雄辉煌的诞生。仿佛有什么阻力，太阳艰难地向上跃动，伸缩着挺进。太阳从露出一丝红线到跳上地表，用了约五分钟。

世界上的事物，在速度上，衰落胜于崛起。

我永远忘不了这个情景：黑云自北方滚滚而来。辗过地面。闪电像地图上的河流或冰层迸裂的纹理，在天空绽开，雷霆轰响。分币大的雨点砸在地上，腾起烟尘。雨柱似倾泻的水银，外面如同有一个挥舞拳头的复仇巨人。这时，我看到一只叼虫的麻雀从远处飞回，它的窝在雨幕后面的屋檐下。在它从空中降落，飞进檐下的一瞬，它的姿态就和蜂鸟在花朵前一样美丽。

作家应该是文字的母亲，她熟悉她所有的儿女，他们每个人的技能和特长。当她坐在案前感到孤单，她只要轻轻呼唤，孩子们便从四方欢叫着跑来，簇拥在她的身边。

在一所小学教室的墙壁上，贴着孩子们写自己家庭的作文。一个孩子写道：他的爸爸是工厂干部，妈妈是中学教师，他们很爱自己的孩子，星期天常常带他去山边玩，他有许多玩具，有自己的小人书库，他感到很幸福。但是，妈妈对他管教很严，命令他放学必须直接回家，回家第一件事是用肥皂洗手。为此他感到非常不幸，恨自己的妈妈。我想，每一匹新驹都会记恨给它套上羁绊的人。

穿越田野的时候，我看到一只鹞子。它静静地盘旋，长久浮在空中。忽然它好像看到了什么，径直俯冲下来，还未触及地面又迅疾飞起。我想象它看到了一只野兔，因人类的扩张在平原上已经绝迹的野兔，梭罗在《瓦尔登湖》里预言过的野兔："要是没有兔子和鹧鸪，一个田野还成什么田野呢？它们是最简单的土生土长的动物，与大自然同色彩，同性质，和树叶，和土地是最亲密的联盟。看到兔子和鹧鸪跑掉的时候，你不觉得它们是禽兽，它们是大自然的一部分，仿佛飒飒的树叶一样。不管发生怎么样的革命，兔子和鹧鸪一定可以永存，像土生土长的人一样。不能维持一只兔子的生活的田野一定是贫瘠无比的。"看到一只在田野上空徒劳盘旋的鹞子，我想起田野往昔的繁荣。

麻雀在地面的时间比在树上的时间多。它们只是在吃足食物后，才飞到树上。它们将短硕的喙像北方农妇在缸沿砺刀那样，在枝上反复擦拭。麻雀蹲在枝上啼鸣，如孩子骑在父亲的肩上高声喊叫，这声音蕴涵着依赖、信任、幸福和安全感。麻雀在树上就和孩子们在地上一样，它们的蹦跳就是孩子们的奔跑。树木伸展的愿望，是给鸟儿送来一个个广场。

在冬天空旷的原野上，我听到过啄木鸟敲击树干的声音。它的速度很快，仿佛弓的颤响，我无法数清它的频率。冬天鸟少，鸟的叫声也被藏起。听到这声音，我感到很幸福。我忽然觉得，这声音不是来自啄木鸟，也不是来自光秃的树木，而是来自一种尚未命名的鸟，这只鸟，是这声音创造的。

在我的窗外阳台的横栏上，落了两只麻雀。那里是一个阳光的海湾，温暖、平静、安全。这是两只老雀，世界知道它们为它哺育了多少雏鸟。两只麻雀蹲在辉煌的阳光里，一副丰衣足食的样子。它们眯着眼睛，脑袋转来转去，毫无顾忌。它们时而啼叫几声，声音朴实而亲切。它们的体态肥硕，羽毛蓬松，头缩进厚厚的脖颈里，就像冬天穿着羊皮袄的马车夫。

下过雪许多天了，地表的阳面还残留着积雪。大地斑斑点点，犹如一头在牧场吃草的花背母牛。积雪收缩，并非因为气温升高了，而是大地的体温在吸收它们。

1988 年 1 月 16 日，我看见了日出。我所以记下这次日出，因为我有生以来从没有见过这样大的太阳。好像发生了什么奇迹，它把我惊得目瞪口呆，使我久久激动不已。哥伦比亚作家加西亚·马尔克斯在《百年孤独》中这样描述马贡多连续下了四年之久的雨后的日出：“一轮憨厚、鲜红、像破砖碎末般粗糙的红日照亮了世界，这阳光几乎像流水一样清新。”我所注视的这次日出，我不想用更多的语汇来形容它，这是人间最壮观的分娩，红日的硕大，让我首先想到乡村院落的磨盘。如果你看到了这次日出，你会相信，这个比喻毫不夸张。

麦子是土地上最优美，最典雅，最令人动情的庄稼。麦田整整齐齐摆在辽阔的大地上，仿佛一块块耀眼的黄金。麦田是五月最宝贵的财富，大地蓄积的精华。风吹麦田，麦田摇荡，麦浪把幸福送到外面的村庄。到了六月，农民抢在雷雨之前，把麦田搬走。

我看到一具熊蜂的尸体，它是自然死亡，还是因疾病或敌害而死，我不得而知。它僵卧在那里，翅零乱地散开，肢蜷曲在一起。它的尸身僵硬，很轻，最小的风能将它推动。我见过胡蜂巢、土蜂巢、蜜蜂巢和别的蜂巢，但从没有见过熊蜂巢。熊蜂是穴居者，它们将巢筑在房屋的立柱、檩木、横梁、椽子或枯死的树干上。熊蜂从不集群活动，它们个个都是英雄，单枪匹马到处闯荡。熊蜂是昆虫世界当然的王，它们身着的黑黄斑纹，是大地上最触目的图案，高贵而恐怖。老人们告诉过孩子，它们能蜇死牛马。

冬天，一次在原野上，我发现了一个奇异的现象，它纠正了我原有的关于火的观念。我没有见到这个人，他点起火走了。火像一头牲口，已经将枯草吞噬很大一片。北风徐徐吹着，风头很硬，火紧贴在地面上，火首却逆风而行，它让我吃惊。为了彻底证实，我将火种引到另一片草上，火依旧逆风烧向北方。

已经一个多月了，那窝蜂依然伏在那里。气温渐渐降低，它们似乎已预感到什么，紧紧挤在一块儿，等待着最后一刻的降临。只有太阳升高，阳光变暖的时候，它们才偶尔飞起。你们的巢早已失去，你们为什么不在失去巢的那天飞走呢？每天我看见你们，心情都很沉重。在你们的身上，我看到了某种大于生命的东西。那个一把火烧掉蜂巢的男人，你为什么要捣毁一个无辜的家呢？如果你不去碰它们，显然它们永远也不会妨害到你。你只是想借此显示些什么，因为你是个男人。

五月，在尚未插秧的稻田里，走动着许多小鸟。它们神态机灵，体型比麻雀小巧。它们迈动的方式，使我很感兴趣。麻雀行走用双腿向前蹦跳，它们行走是像公鸡那样迈步。它们的样子，和孩童做出大人的举动一样好笑。它们飞得很低，似乎从不落到树上。它们停在田里，如果不走动，我简直认不出它们。

我注意几次了，在立夏前后，太阳的道路是弯曲的。朝阳能够照到北房的后墙，夕阳也能照到北房的后墙。其他时间，北房拖着变浓的影子。

在一条山岗小径上，我看到一只蚂蚁在拖一具螳螂的尸体。螳螂的体积比蚂蚁大许多倍，它可能被人踩过，尸体已经变形，渗出的体液粘上两粒石子，使它的尸体更加沉重。蚂蚁紧紧咬住螳螂，它用力扭动着身躯，想把螳螂拖回去。螳螂轻轻摇晃，但丝毫没有向前移动。我看了很久，直到我离开时，这个可敬的勇士仍在不懈地努力。没有其他蚁来帮它，它似乎也没有回巢请求援军的想法。

立春一到，便有冬天消逝，春天降临的迹象和感觉。此时整整过了一冬的北风，到达天涯后已经返回，它们告诉站在大路旁观看的我，春天已被它们领来。看着旷野，我有一种庄稼满地的幻觉。天空已经变蓝，土地松动，踩在上面舒畅陶醉。我感到肢体在伸张，血液涨到了每条血管的顶部。我想大声喊叫或急速奔跑，想拿起锄头拼命劳动一场。我常常产生这个愿望：一周中，在土地上劳动一天。爱默生认为：每一个人都应当与这世界上的劳作保持着基本关系。劳动是上帝的教育，它使我们自己与泥土和大自然发生基本的关系。但是，在这个世界上，有一部分人，一生从未踏上大地。

（选自《上升——当代中国大陆新生代散文选》，
北方文艺出版社 1991 年 6 月第 1 版）